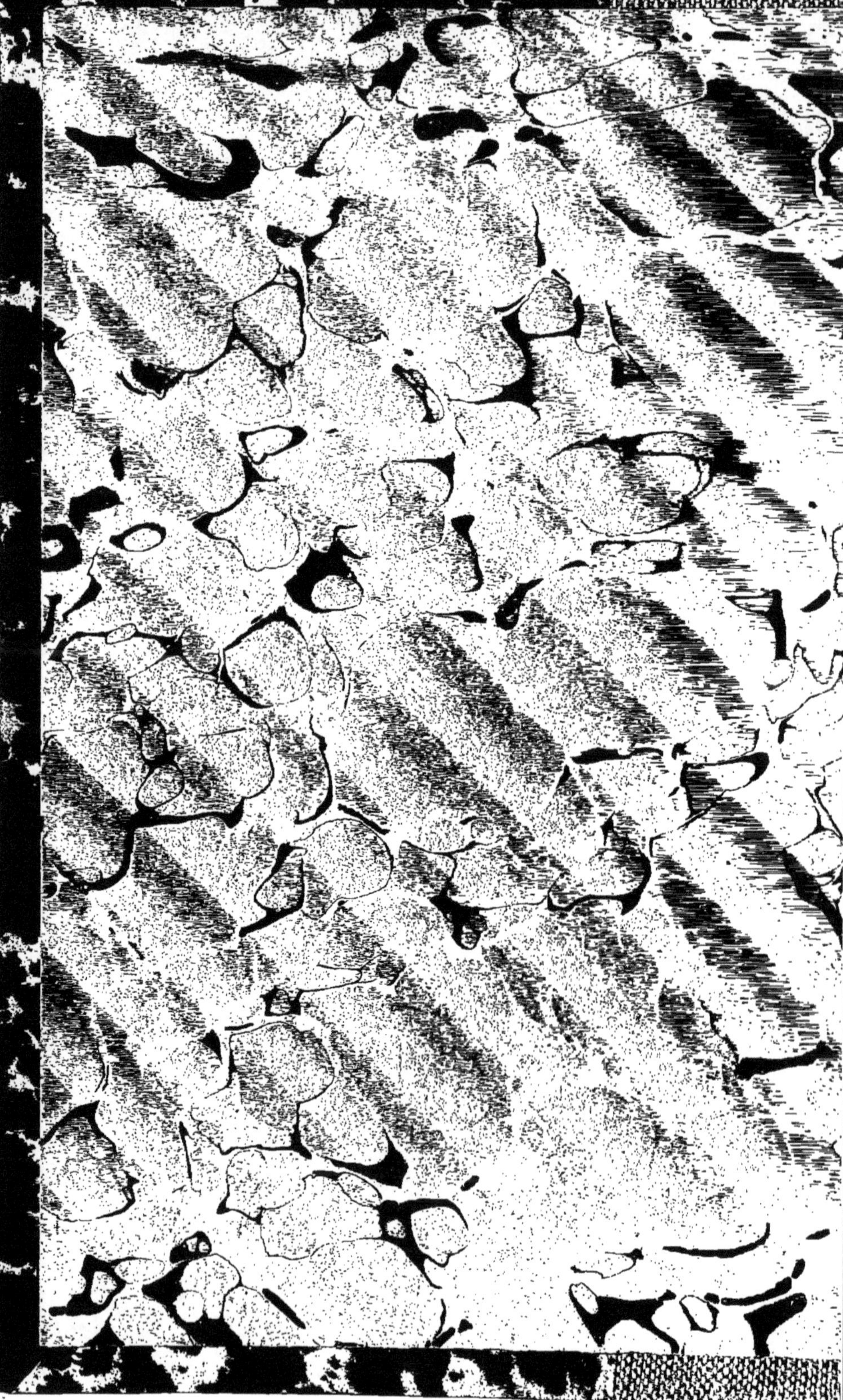

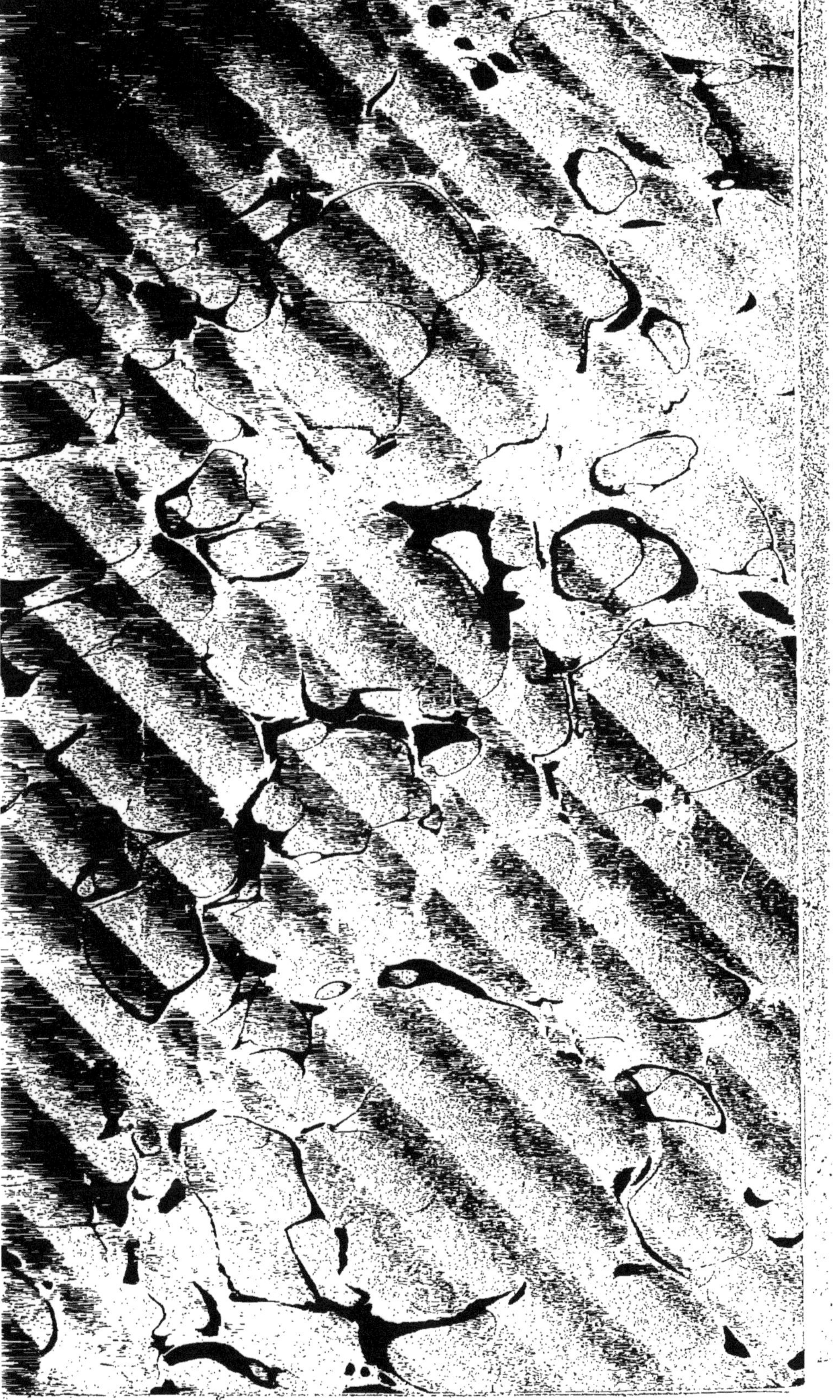

P-A. MATHIEU

LE

TRÉSOR DE LA MAISON

SECONDE PARTIE

GUIDE DES MÈRES DE FAMILLE

DU MÊME AUTEUR

A LA MÊME LIBRAIRIE

Les Salons d'autrefois, souvenirs intimes, préface de M. Louis Énault, quatre volumes in-18 se vendant séparément.

1re Série (5e édition) : Madame la princesse de Vaudémont. — Isabey. — Madame la comtesse de Rumfort. — M. de Bourrienne 1 vol. . . . . 2 fr. 50

2e Série (3e édition) : La princesse Bragation. — La vicomtesse Merlin. — Madame de Mirbel. — Madame Campan 1 vol. . . . . 2 fr. 50

3e Série (2e édition) : Casimir Delavigne. — La marquise d'Osmond. — Kalkbrenner 1 vol. . . . 2 fr. 50

4e Série : La duchesse de Laviano. — Madame Boscari de Villeplaine. — Madame Orfila. — Pradier. 1 vol. . . . . 2 fr. 50

La Chambre rouge 1 vol. . . . . 2 fr. 50

Un Voyages à Naples, scènes de la vie napolitaine. 1 vol.. . . . . 2 fr. 50

Le Trésor de la Maison. Première partie : Guide des Femmes économes. 1 vol . . . 2 fr.

---

17. — ABBEVILLE. — IMP. P. BRIEZ.

LA COMTESSE DE BASSANVILLE

LE

TRÉSOR DE LA MAISON

SECONDE PARTIE

GUIDE DES MÈRES DE FAMILLE

PARIS
P. BRUNET, LIBRAIRE-ÉDITEUR
RUE BONAPARTE, 31

1868

AVANT-PROPOS

Le public a accueilli avec tant de bienveillance LE GUIDE DES FEMMES ÉCONOMES, première partie de mon œuvre : *Le Trésor de la Maison,* que je me suis trouvée encouragée à publier promptement la seconde partie de cet ouvrage : celle qui est destinée à guider les mères de famille.

Si des avis sur l'ordre et l'économie sont nécessaires aux femmes, combien plus encore peuvent être utiles aux jeunes mères, les conseils de l'expérience pour les aider à élever ces chers petits êtres sur lesquels elles bâtissent un si bel avenir de bonheur et d'orgueil.

Je m'adresse à la jeune femme dès qu'elle peut caresser la douce espérance de devenir bientôt mère ; je lui parle d'elle tout d'abord, en lui indiquant les soins qu'elle doit prendre afin d'amener à bien son précieux fardeau.

Puis, je lui fais traverser ces moments de douleur physique qui sont si bien payés par le bonheur d'être mère.

Je lui dis ces petits soins qu'elle doit prendre pour elle et pour son bébé chéri afin de passer sans accidents ces premiers temps pendant lesquels la moindre imprudence peut devenir danger.

Mais bientôt le bébé seul m'occupe, je parle avec détail de sa dentition, des petits accidents qu'elle peut entraîner, des premières maladies de l'enfance; de ce que l'on doit faire, de ce que l'on doit éviter, en un mot, je m'institue l'auxiliaire de ces jeunes mères, si inexpérimentées encore.

Enfin, toute la première partie de ce volume est remplie par des conseils sur l'éducation physique de l'enfant.

Mais la seconde partie est plus sérieuse, puisqu'elle traite de son éducation morale; là encore je prends l'enfant dès le berceau et je le conduis pas à pas jusqu'au moment où il doit ou peut être livré à des mains étrangères.

Tout en m'efforçant de démontrer combien les

premières semences du cœur sont importantes. je cherche à prouver que nul défaut ne saurait être considéré comme petit chez un bébé ; que des premières impressions de la vie dépend souvent la vie tout entière ; enfin que gâter un enfant n'est pas lui donner une preuve de tendresse, mais compromettre le bonheur et l'avenir de cet enfant que le devoir ordonne de protéger.

Tel est le but de ce second volume ; puissé-je l'avoir atteint et je me trouverai heureuse si je puis faire quelque bien.

PREMIÈRE PARTIE

ÉDUCATION PHYSIQUE

GUIDE

DES

MÈRES DE FAMILLE

CONSEILS AUX FEMMES ENCEINTES.

Les accoucheurs de mérite et les quelques femmes qui ont acquis de la célébrité dans l'art des accouchements ont laissé, dans leurs écrits, de sages préceptes d'hygiène pour les femmes enceintes. Je n'ai pas l'intention de suivre ces auteurs dans leurs savantes dissertations, mais je puiserai dans leurs livres les conseils que je crois utile de donner aux femmes enceintes et surtout aux jeunes femmes qui se trouvent pour la première fois dans cette position, et qui, dans leur simplicité et leur ignorance naturelle des choses, ont besoin d'une direction. Vulgariser les bons conseils, c'est rendre service à ses semblables.

De grands changements s'opèrent chez une femme enceinte : c'est ainsi que la circulation s'accélère, que la chaleur augmente et qu'un organe peu volumineux et ne donnant que de temps en temps signe de sa présence augmente successivement et finit par acquérir un développement considérable.

Bien que la transformation se fasse peu à peu et avec cette sagesse qui préside aux œuvres de la nature, il n'en résulte pas moins que les autres organes contenus dans l'abdomen sont comprimés et déplacés ; de là certains troubles dans les fonctions digestives.

Dès le commencement de la grossesse, la femme éprouve du malaise, des nausées, ce que l'on appelle communément le *mal de cœur*, et il ne faut pas qu'elle s'en inquiète, car c'est un phénomène naturel, manifestation de la nouvelle fonction qui s'établit et qui ne durera qu'un certain temps. Si les vomissements sont fréquents et douloureux, on pourra les calmer par quelques gouttes d'éther, des infusions de tilleul, de feuilles d'oranger, des eaux gazeuses, de la glace, etc ; s'ils devenaient incessants, inquiétants, le mieux est de recourir aux conseils d'un médecin éclairé.

Dans les premiers mois de la grossesse, la femme fera bien de faire usage d'aliments légers, de facile digestion et, pris surtout parmi les végétaux. Vers la fin de la grossesse, la compression de l'estomac nécessite aussi qu'elle prenne peu d'aliments à la fois, mais elle pourra remplacer la quantité par la fréquence des repas.

On a remarqué que les goûts de la femme la dirigent assez sûrement dans le choix de son régime, qui, à moins de circonstances particulières, ne doit pas différer beaucoup de celui qu'elle a l'habitude de suivre.

Les boissons spiritueuses, alcooliques, excitantes, ainsi que les condiments ne conviennent pas aux femmes enceintes. Du reste, dans le régime, il faut tenir compte de la constitution, du tempérament et des habitudes ; c'est ainsi qu'un régime tonique convient à une femme faible, lymphatique ; et un régime rafraîchissant, à une femme forte et d'un tempérament sanguin. Dans tous les cas, il faut avoir présent à l'esprit que, en tout, ce n'est pas l'usage qui nuit, mais bien l'abus.

La femme enceinte a besoin de respirer un air pur. Les odeurs fortes, bonnes ou mauvaises, lui sont presque toujours désagréables. Elle fera bien d'éviter l'humidité et les miasmes si communs dans les grandes villes, surtout dans les quartiers resserrés et les rues sombres et froides. La campagne est l'habitation par excellence pour la mère et, par suite, pour l'enfant qu'elle porte dans son sein.

Une femme enceinte ne doit porter aucun vêtement ou lien susceptible de comprimer circulairement une partie de son corps ou de ses membres ; cela aurait le grand inconvénient de gêner le cours des fluides et de favoriser les congestions. Elle doit de même éviter avec le plus grand soin tout ce qui peut gêner la respiration et la circulation, parce que l'embarras de ces fonctions s'opposerait au développement de la matrice, partant de l'enfant qu'elle porte.

Les corsets à baleine et les buscs doivent être mis de côté ; ils doivent faire place au corset souple.

L'action du froid doit être évitée avec soin ; elle pourrait occasionner des inflammations et des abcès aux seins.

En résumé, la femme enceinte doit porter des vêtements larges, d'étoffe souple, et plus ou moins chauds, selon la saison. Le pantalon est très-utile.

D'une manière générale, on peut dire que l'exercice est favorable aux femmes enceintes.

L'exercice à pied, en plein air et qui ne va pas jusqu'à la fatigue, est non-seulement utile, mais encore il est nécessaire, tandis que l'exercice en voiture, ou à cheval de même que la danse peuvent imprimer au corps des secousses souvent cause d'hémorrhagies et de fausses couches qui pourraient être fort dangereuses. Beaucoup de femmes peuvent supporter des exercices violents, quelques-unes ne le pourraient sans inconvénients.

Il faut éviter avec le plus grand soin de faire des mouvements brusques, des efforts en portant ou en soulevant des fardeaux, il est donc nécessaire qu'elles se mettent en garde, et se rappellent souvent que les précautions sages ne laissent jamais de regrets.

La veille aussi est très-nuisible aux femmes enceintes, tandis qu'au contraire, le sommeil leur est très-favorable.

Dans tout cela pourtant, il n'y a pas de règle absolue : ainsi telle femme a besoin de rester étendue, des mois entiers, sur son canapé ; tandis que telle autre peut vacquer impunément à tous les travaux de la famille. Mais, comme chez les jeunes femmes enceintes pour la première fois, il n'y a pas de comparaison possible à établir, celles qui auront quelques doutes feront bien de consulter leur médecin, seul apte à juger de la question selon la constitution, le tempérament, etc. de celle qui le consultera.

La femme enceinte doit avoir soin de se tenir le ventre libre, afin d'éviter des efforts nuisibles. Dans ce but, elle ne fera pas usage de purgatifs violents, mais elle aura recours avec avantage aux lavements et aux laxatifs, tels que la manne en larmes, la magnésie etc.

Les bains demandent une attention particulière.

En général, le bain de pieds prolongé est nuisible ; il faut, dans ce cas, se borner à la propreté.

Le bain de siége est dangereux parce qu'il congestionne le bassin.

Le grand bain tiède est seul avantageux : il nettoie la peau, favorise la transpiration et assouplit les organes. On peut le prendre à toutes les époques, mais surtout vers la fin de la grossesse.

Je dois dire cependant que les bains ne conviennent pas à toutes les femmes ; ils pourraient être nuisibles aux femmes faibles et lymphatiques ; ils pourraient l'être également aux femmes pléthoriques ; de telle sorte que ce moyen, reconnu bon d'une manière générale, pouvant dans quelques circonstances présenter des inconvénients, le plus sage est de demander avis à son médecin.

Le bain froid peut être salutaire, mais il faut avoir soin de ne pas exposer le ventre au courant de la rivière ou aux vagues de la mer.

Chez les femmes enceintes, l'exaltation de la sensibilité est plus développée que d'ordinaire. Elles doivent donc éviter (et on doit leur éviter) surtout, dans la mesure du possible, tout ce qui pourrait les impressionner vivement, aussi bien les élans de la joie que les affaissements de la tristesse. Elles feront sagement de se garder des accès de colère, et, bien qu'il ne puisse en résulter pour l'enfant des effets tels que le vulgaire le pense, j'engage néanmoins les jeunes femmes qui espèrent être mères à éviter la vue des objets désagréables.

Au commencement d'une grossesse, de la *sagesse* en tout genre est une chose que l'on ne peut trop recommander aux jeunes femmes, si elles veulent mener à bien le doux fardeau dont elles ont le bonheur d'être chargées : plus tard il n'en est pas de même et elles peuvent *prendre plus de liberté.*

PRÉPARATIFS DE L'ACCOUCHEMENT.

Je ne conseille pas aux femmes enceintes, quand elles peuvent faire autrement, de prendre une sage-femme au lieu d'un accoucheur, pour les délivrer : ceci est de pure précaution, car si la couche est naturelle (ce qui arrive fort heureusement plus souvent que le contraire), une sage-femme peut suffire, cela n'est pas douteux ; mais s'il arrive quelque accident pour lequel l'aide d'un chirurgien soit nécessaire, le temps que l'on perd pour aller chercher celui-ci peut être funeste à la mère et à l'enfant.

Il est donc prudent, vous le voyez, d'appeler de suite un accoucheur. Pourtant, comme il y a des femmes qui ont une répugnance extrême à se mettre entre les mains d'un homme pour ce moment-là, qu'elles fassent venir une sage-femme si elles le veulent ; mais elles doivent en même temps faire prévenir leur médecin de se tenir prêt en cas d'appel, soit en disant toujours chez lui où on pourra le trouver, s'il est sorti ; soit en venant souvent au logis de l'accouchée, soit encore (ce qui vaudrait mieux) en restant chez elle, dans une autre pièce, quand le grand moment sera venu. Ceci est une question d'argent qui regarde seules les personnes intéressées.

Quand une femme est prise de douleurs et qu'elle fait appeler l'accoucheur ou la sage-femme, elle doit avoir fait préparer dans sa chambre :

Un lit de sangle, pour servir de lit de misère.

Un gros matelas ; ceux en crin sont préférables.

Plusieurs gros oreillers.

Une ou deux paires de draps de domestiques.

Une peau de mouton ou une grande toile cirée.

Sur la table de nuit on aura mis une soucoupe avec de l'huile d'olive, des ciseaux, une pelote garnie d'épingles et d'une ou deux grosses aiguilles enfilées de gros fil, puis deux longues bandes de toile roulées, enfin deux ou trois compresses en toile fine.

Dans une chambre voisine, on tiendra devant le feu une grande bouillote remplie d'eau, une cuvette avec une grosse éponge.

Sur le berceau de l'enfant doivent être préparées aussi : une petite chemise brassière en toile fine ou en batiste, une seconde en flanelle et une troisième en piqué ; car il faut bien couvrir un enfant nouveau né, à moins qu'il n'arrive dans les grandes chaleurs.

Pour sa tête, on aura un petit béguin de batiste, un en flanelle, puis un petit bonnet, le tout à la taille du premier âge.

On aura aussi, dépliés et joints ensemble : une couche, un lange de laine et un maillot blanc pour couvrir, le tout muni de cordons attachés où ils doivent être ; car ce serait une grande imprudence que se servir d'épingles pour les petits enfants.

LA GARDE.

Une jeune femme qui prend une garde a dû naturellement la retenir à l'avance, en lui fixant l'époque où elle en aura besoin. Cette époque venue, c'est-à-dire *quand on ne compte plus*, il faut appeler près de soi cette garde, surtout si l'on habite la campagne. Comme on se trouve, dans ce cas, un peu loin de tout secours, et qu'il faut quelquefois longtemps pour aller chercher l'accoucheur, ces femmes, qui ont fait des études spéciales, peuvent très-bien porter secours au besoin.

On doit bien traiter les gardes, et ne pas leur faire sentir leur dépendance, comme le font malheureusement trop de jeunes femmes, qui, parce qu'elles les payent cher, se croient tout permis avec elles.

Il ne faut pas oublier que, pendant neuf jours au moins, l'accouchée dépend complétement de sa garde, qui ne la quitte ni jour ni nuit et qui, pendant ce temps, peut lui rendre la vie insupportable par une foule de petits détails impossibles à citer, c'est-à-dire par ces piqûres d'épingles imperceptibles qui finissent par faire une plaie vive.

Choisissez donc d'abord votre garde avec soin, puis traitez-la avec bonté, si vous voulez être très-bien soignée par elle, car pendant vos couches, cette femme remplacera pour vous mari, mère, médecin, et c'est souvent d'elle que dépend votre retour plus ou moins prompt à la santé.

LES PÉTRISSEURS DE TÊTES.

AVIS AUX FEMMES ENCEINTES.

Il est un préjugé que nous devons combattre, non-seulement à cause de son absurdité, mais aussi parce qu'il peut entraîner les conséquences les plus fâcheuses.

Lorsque les enfants viennent au monde, il arrive souvent que leur tête, ayant subi, pendant les longues heures de l'accouchement, une pression considérable, est tellement déformée que les assistants s'imaginent ne pouvoir la laisser dans cet état.

En effet, la tête d'un nouveau-né a dû se prêter à un admirable mécanisme qui a produit ce résultat. Les différentes pièces qui forment le crâne, au lieu d'être soudées, et de former, comme chez l'adulte, une voûte solide, sont mobiles les unes sur les autres, et laissent même entre elles, à plusieurs endroits, des espaces où les os manquent complétement. Ces espaces, remplis par une simple membrane, permettent à la main qui les palpe de sentir la substance cérébrale, et ce n'est que plus tard que ces intervalles, nommés fontanelles, seront comblés par les os.

En outre, la pulpe cérébrale est très-mobile, à demi liquide pour ainsi dire, de sorte que la tête se prête facilement à toutes les pressions, et conserve d'abord la forme qui lui a été imprimée. On voit donc souvent la tête du nouveau-né, allongée comme si elle avait passé dans une filière, présenter l'aspect le plus désagréable.

Dans ce cas, les parents manquent rarement de prier le médecin de pétrir la tête du nouveau-né, afin qu'il ne conserve pas cet aspect monstrueux, et que sa tête soit à l'avenir bien conformée. Lorsqu'ils ont affaire à un médecin instruit, celui-ci s'empresse de les rassurer, et il leur explique que la nature ayant d'immenses ressources, il faut se garder de prendre l'initiative, que cette difformité n'est que temporaire, et que bientôt elle fera place à une conformation régulière.

Mais le médecin trouve souvent une forte opposition parmi les personnes présentes, et il arrive quelquefois qu'aussitôt absent, une commère s'efforce de pétrir la tête du jeune enfant pour lui faire acquérir une unité de formes dont son imagination s'est créé un type plus ou moins bizarre.

D'ailleurs, dans les petites localités surtout, les accouchements ne sont pas toujours présidés par le médecin, et trop souvent l'ignorance, l'aveugle routine, entourent la femme en couches; puis la croyance populaire relative au pétrissage des têtes est excessivement répandue.

Les personnes intelligentes doivent donc réunir

leurs efforts pour faire disparaître ce préjugé et faire comprendre à ceux qui ont les absurdes croyances dont nous parlons, que, dès le second jour de la vie de l'enfant, la forme allongée de la tête est considérablement diminuée, qu'au troisième jour elle est à peine notable, et qu'au bout de quatre jours cette tête a pris la forme à peu près sphérique qu'elle conserve pendant toute la vie.

En se livrant à des manœuvres imprudentes sur des tissus aussi frêles et aussi délicats, on peut produire des contusions, des déchirures au cerveau, et au lieu de laisser venir peu à peu et graduellement la cause naturelle, on procure trop souvent à ce petit être une maladie mortelle : on commet ainsi un assassinat.

Avis donc aux pétrisseurs et aux pétrisseuses de têtes.

PENDANT LES COUCHES.

Durant les premiers jours qu'une femme est en couches elle ne doit recevoir aucune visite, pas même celle de sa famille avant la fièvre de lait, et quand il entrera quelqu'un près d'elle, on devra faire attention si cette personne ne porte aucune odeur, soit bonne, soit mauvaise, car une femme en couches a l'odorat d'une susceptibilité terrible : aussi ne faut-il laisser dans sa chambre ou même près de sa chambre, aucune fleur, ni quoi que ce soit donnant un parfum.

Si la jeune femme doit nourrir son enfant, on sera bien moins sévère pour elle sur le chapitre de la diète ; le jour même de son accouchement, si tout s'est bien passé, on pourra lui permettre un bouillon ; mais si elle ne nourrit pas, jusqu'à la fièvre de lait au moins, elle doit garder la diète la plus sévère ; après que la fièvre sera passée il faudra encore qu'elle mange très-peu, et qu'elle suive avec soin les prescriptions du docteur pour faire passer ce lait, qui sans cela pourrait, plus tard, lui jouer de bien mauvais tours.

On doit garder complétement le lit au moins pendant neuf jours et il n'est pas prudent, avant que la fièvre de lait soit passée, de poser l'accouchée sur un autre lit pour pouvoir faire le sien.

Il est également sage de ne se faire peigner ni débarbouiller avant la fin de la fièvre de lait, surtout pour une femme qui ne nourrit pas.

Aussi, quand les petites douleurs commencent à prendre, il faut natter ses cheveux ou les faire natter, afin qu'ils ne se mêlent pas trop pendant les jours qui devront suivre.

Quand une femme doit nourrir, il faut, le jour même de ses couches, qu'elle essaie de donner le sein à son enfant; plus on attendra, plus les seins s'engorgeront et plus le pauvre petit aura de peine à former le bout qui lui servira à prendre sa nourriture. Mais si on voyait que sa petite bouche est trop faible, il faudrait le faire faire ou le faire soi-même à l'aide d'une de ces petites pipes blanches à long tuyau. Si ce moyen ne réussissait pas et que la mère commençât à souffrir de ses seins, il faudrait la faire têter par un jeune chien nouveau-né, ce qui la préserverait d'un engorgement qui pourrait finir par un abcès.

Il y a des femmes prudentes qui, pour éviter tout ces inconvénients, préparent elles-mêmes leurs bouts de sein en se servant, un mois avant leurs couches, des petites pipes blanches dont je viens, plus haut, de conseiller l'usage.

On purge un enfant nouveau-né le lendemain de sa naissance à l'aide d'un peu de sirop de chicorée sauvage coupé avec de l'huile d'amandes douces, mais dans le cas seulement où sa mère ne pourrait pas le nourrir : dans le cas contraire, le premier lait d'une nouvelle accouchée remplit parfaitement cette fonction.

Le premier jour de la naissance de l'enfant, on ne lui donne à boire que de l'eau sucrée dégourdie ; s'il n'est pas nourri par sa mère et que la nourrice se fasse attendre, il ne faut rien lui donner autre sans le conseil du médecin, de la sage femme ou de la garde, car tout dépend de la force de l'enfant.

Il faut absolument prendre bien garde aux yeux du nouveau-né ; beaucoup d'enfants attrapent des ophthalmies presque dès leur entrée dans le monde, ce qui peut leur rendre les yeux très-faibles pour toujours.

Il faut leur éviter avec soin le plus léger courant d'air : un peu d'air trop vif suffit aussi quelquefois pour amener des inconvénients et j'ai vu des mères prudentes qui, pendant les premiers temps, mettaient un petit bandeau en batiste sur les yeux de leur enfant quand on devait les sortir de la chambre. Trop de précaution ne peut jamais nuire.

Si l'enfant est assez délicat pour qu'on juge prudent de le faire ondoyer aussitôt sa naissance, il faut que le père aille demander soit à son évêque, s'il habite la même ville, soit au curé de sa paroisse à défaut de l'évêque, de vouloir bien permettre qu'un prêtre vienne faire cet endoiement, car il serait dangereux de transporter à l'église le pauvre petit être qui n'a encore que le souffle, et à qui, par conséquent, tout peut être fatal.

Enfin, pour me résumer en quelques mots, je dirai que, pendant ces premiers jours de couches, une prudence extrême est nécessaire et pour la mère et pour l'enfant.

LE BERCEAU DU NOUVEAU-NÉ.

Le berceau du nouveau-né peut être aussi élégant qu'on le désire, mais il faut éviter qu'il soit trop chaud, car même si bébé arrive pendant l'hiver, les rideaux ouatés seront très-mauvais pour lui. Il faut de l'air pur à sa petite poitrine et non de l'air étouffé, comprimé par la ouate. De bons rideaux en étoffe ou en mousseline doublée, en mousseline simple au besoin, suffiront on ne peut mieux.

Au fond du berceau on mettra une paillasse assez épaisse, en calicot blanc, remplie de varech ou de fougères sèches. Sur cette paillasse on pose une peau d'agneau qui sera changée quand elle sera devenue humide : pour cela il faut avoir deux de ces peaux, et alterner en mettant à l'air celle qui vient de servir.

Je conseille la peau d'agneau de préférence au feutre, à la toile cirée ou à tout autre tissu du même genre, d'abord parce que cette peau est plus chaude, plus douce, qu'elle ne contracte jamais aucune mauvaise odeur ; puis encore parce qu'elle se lave très-facilement avec une brosse et de l'eau de savon tiéde.

Sur cette peau on met, à l'endroit du corps de l'enfant, une petite paillasse ; mais cette fois elle doit être en toile et remplie de ce qu'on appelle de la balle d'avoine. Il faut avoir aussi deux de ces petites paillasses, afin qu'elles servent chacune alternativement tandis que l'autre restera à l'air.

L'oreiller doit être fait en calicot blanc et rembourré de crin blanc très-fin, les oreillers remplis de plumes étant très-malsains pour les enfants.

Les draps de calicot sont préférables à ceux en toile pour un berceau, parce que souvent, quand il se réveille, le bébé est en moiteur, et que la toile qui se refroidit très-vite, pourrait le refroidir lui-même trop promptement.

Les petites couvertures en laine tricotée doivent être aussi choisies de préférence aux couvertures de laine tissée, parce que les premières sont beaucoup moins lourdes, tout en étant au moins aussi chaudes, et qu'il ne faut jamais surcharger le corps d'un enfant pendant son sommeil afin que sa respiration puisse fonctionner tout à son aise.

Il faut qu'un bébé se trouve bien dans son berceau, afin qu'il y reste volontiers, même pour jouer quand il n'est pas encore assez fort des reins pour qu'on puisse l'asseoir sur un tapis : les bras de sa mère ou de sa nourrice le fatiguent et l'échauffent toujours, et c'est une très-mauvaise habitude qu'on lui donne quand on lui apprend à y rester.

Un berceau doit être très-solide sur sa base et on doit toujours l'entourer d'un grand filet en laine à la façon des moustiquaires, pour garantir l'enfant de tout accident s'il remue trop fort.

CHOIX D'UNE NOURRICE.

La meilleur, la plus saine et la plus naturelle de toutes les nourritures pour un enfant nouveau-né est le sein de sa mère; et toute femme qui peut nourrir son enfant doit regarder comme un devoir sacré de le faire. Mais si des circonstances impérieuses l'obligent à se priver de cette noble tâche, qui bientôt devient un plaisir, il faut qu'elle apporte le plus grand soin dans le choix de la femme qu'elle prendra pour la remplacer.

On ne se préoccupe pas assez de l'importance extrême que cette substitution doit avoir pour toute la vie de son enfant, et je ferai le reproche aux femmes d'aujourd'hui de choisir une nourrice à peu près comme les hommes achètent leurs chevaux; c'est-à-dire qu'on regarde si elles ont de belles dents, la peau fraîche, les seins bien remplis, si leur bonnet à la paysanne leur va bien, si elles ont *bon air* enfin, et on ne se préoccupe pas assez de savoir si leurs parents sont sains, leurs enfants bien venus, et si leur vie a toujours été régulière.

Je vais indiquer en quelques mots à quels signes on peut reconnaître qu'une femme est une bonne nourrice.

DES QUALITÉS REQUISES POUR UNE NOURRICE.

Le meilleur âge d'une nourrice est de vingt-cinq à trente ans : plus jeune, ses forces ne sont pas assez développées ; plus âgée, elle peut commencer à es perdre.

Les femmes brunes ou ayant les cheveux blond cendrée, ont généralement plus de lait et leur lait est de meilleur qualité que celui des femmes blondes.

Il faut encore chez une bonne nourrice, une carnation ferme, colorée, une peau un peu bistrée, des yeux vifs, des lèvres vermeilles sans être trop rouges, une haleine douce et pure, de bonnes dents, des gencives dures et roses, un nez libre et exempt d'odeur, un cou dégagé, une poitrine large et bien arquée. Voilà les qualités physiques qu'elle doit avoir.

Informez-vous encore de son père et de sa mère; voyez-les si vous pouvez. Mais vous devez absolument voir ses enfants, car c'est d'après eux seulement que vous pourrez être fixée.

Une chose qui n'est point indifférente non plus, c'est de savoir quel est le caractère de la femme que vous allez donner comme seconde mère à votre enfant, à cause de l'influence fatale ou heureuse que ce caractère peut avoir sur son avenir ; car il est reconnu que l'enfant prend beaucoup des penchants de sa nourrice en même temps que son lait.

2.

POUR RECONNAITRE

SI LE LAIT D'UNE NOURRICE EST BON.

Pour s'assurer si le lait est de bonne qualité, il faut en tirer d'une nourrice quelques gouttes dans une cueillère d'argent. Si ce liquide est bon, vous lui verrez une teinte légèrement bleuâtre : trop bleu, il manque de qualité nutritives ; trop blanc, il est lourd et indigeste.

Une odeur suave est le premier indice d'un bon lait ; il faut encore qu'il ne coule pas trop facilement, que son goût ne soit ni salé ni amer, enfin que son goût soit aussi agréable que son parfum.

La mauvaise qualité du lait d'une femme se reconnait à plusieurs signes : par exemple, s'il tourne sur le feu ; si, mis en contact avec un morceau de toile fine un peu usée, il y laisse, quand il est sec, une tache à bords jaunes ; ou, ce qui serait bien pire encore, une tache noirâtre ; ou encore, si une goutte, tombant dans l'œil de l'enfant, lui cause une cuisson vive.

QUEL AUTRE LAIT

ON PEUT DONNER A SON ENFANT.

Je l'ai dit déjà : le meilleur de tous les laits pour l'enfant est celui de sa mère ou à son défaut celui d'une nourrice choisie avec grand soin. Mais si ni l'un ni l'autre de ces allaitements n'est possible et qu'il faille en choisir un artificiel, le lait qui se rapproche le plus de celui de la femme par sa composition chimique est le lait de l'ânesse ou celui de la jument. Après ces deux là, vient le lait de chèvre, puis en quatrième seulement celui de vache, bien qu'il soit plus généralement adopté en raison de la facilité avec laquelle on s'en procure.

Le lait d'ânesse ou de jument peut donc être donné complétement pur à l'enfant, mais celui de chèvre devra être d'abord coupé par un tiers d'eau, et ce n'est que à peu qu'il faut en arriver à lui laisser sa qualité entière.

Quant à celui de vache, il faudra le mêler très-longtemps, par parties égales, avec de l'eau d'orge ou de gruau.

Le lait d'amande peut être aussi employé utilement, mais en cas d'indisposition seulement.

Je ne peux pas mieux compléter ces instructions qu'en les faisant suivre d'un chapitre fort intéressant écrit par le docteur Delabarre fils, qui s'est spécialement occupé de la dentition chez les enfants et qui est l'homme le plus compétent sur cette question.

« Désireux de me rendre compte expérimentale-
« ment de l'influence d'une alimentation vicieuse
« sur l'organisme, au moment de l'éruption des
« premières dents, j'ai tenté, à plusieurs reprises,
« divers essais qui n'ont jamais manqué de me con-
« duire aux mêmes conclusions. Voici une de ces
« expériences dont le résultat ne permet pas de con-
« server l'ombre d'un doute.

« J'ai élevé quatre jeunes chiens de la même por-
« tée, mais en les soumettant à des régimes diffé-
« rents. J'ai laissé deux de ces animaux à la mamelle
« jusqu'à ce que leur dentition fût complète, sans
« leur permettre aucune nourriture autre que le lait
« de leur mère. J'ai sevré le troisième de bonne
« heure, avec la précaution de ne le sustenter d'a-
« bord qu'à l'aide de pain trempé dans du lait de
« vache, et, plus tard, de liquides chargés de rési-
« dus adipeux. Le dernier, séparé de sa mère en
« même temps que le précédent, a été livré, au con-
« traire, à toutes les fantaisies de son appétit. Sa
« principale pâture se composait d'un mélange de
« viande et de pain dont il se montrait fort glou-
« ton.

« Quelles ont été les conséquences de ces modes
« variés d'éducation ? Les voici :

« Mes deux premiers élèves n'ont jamais eu à subir la plus légère altération dans leur santé. Leur « dentition s'est effectuée sans secousse et sans la « moindre marque de souffrance. Enfin, ils ont ac- « quis leur complet développement, en présentant « tous les signes extérieurs de la plus robuste com- « plexion.

« Le troisième, après les premiers jours de se- « vrage, commença à *mâchonner* les corps durs qu'il « rencontrait sur son passage, symptôme indubi- « table d'une démangeaison des gencives, contre « laquelle il cherchait un soulagement. Vers l'âge « de cinq mois, il fut pris d'une diarrhée et de vo- « missements, qui ne tardèrent pas à déterminer un « amaigrissement extrême. Le mal céda aux vomi- « tifs, à l'application d'un séton dans la région de « la nuque et au régime du lait coupé et de fleur de « soufre ; mais cette rude épreuve n'a pas laissé que « d'altérer profondément et d'affaiblir sa constitu- « tion.

« Pour ce qui concerne le quatrième, il atteignit « d'abord beaucoup plus promptement que ses « frères une taille et un embonpoint florissants ; « mais, à la suite d'une dentition difficile, apparut « chez lui, vers le même âge que chez le précédent, « une affection de nature identique, mais tellement « intense qu'elle défia tous les soins, toutes les mé- « dications, et emporta l'animal en peu de jours.

« Ce mal particulier à la race canine, et qu'on « nomme vulgairement *la maladie*, a, j'en ai la « preuve non-seulement par mes observations, mais « par celles du professeur Guersant, l'analogie la « plus intime avec les désordres intestinaux si com-

« muns chez les très-jeunes enfants nourris, contre « toute raison, d'aliments solides.

« Il résulte donc, à n'en pouvoir douter, de ces « diverses méthodes d'alimentation comparées, que « la vigueur et la santé de l'animal se développent « en raison directe de la durée de la lactation ma- « ternelle. La raison, c'est que ce mode de nourri- « ture, en harmonie complète avec ses forces et ses « besoins, permet à la sortie des dents de s'effectuer « sans irritation, sans crise, et par conséquent sans « danger. Il en est exactement de même en ce qui « concerne l'enfant. »

POUR GUÉRIR LES CREVASSES AU SEIN.

Prenez du beurre très-frais, gros comme un petit œuf de poule, et plein un verre à liqueur d'excellente huile d'olive ; faites fondre les deux ensemble sur de la cendre chaude, ajoutez-y un jaune d'œuf tout frais dont vous ôtez le germe ; battez bien le tout ensemble, et aussitôt fini, étendez ce liniment sur la partie malade avec la barbe d'une plume et recouvrez d'un linge très-doux. Pour que cette pommade garde sa vertu, il faut la renouveler très-souvent en été. Elle se conserve beaucoup mieux en hiver. Elle a encore un autre avantage que celui de soulager la malade, elle ne dégoûte pas l'enfant et ne peut pas lui être nuisible.

DU RHUME DE CERVEAU

CHEZ L'ENFANT NOUVEAU-NÉ.

Le moindre petit coup d'air enrhume très-facilement du cerveau un tout petit enfant, et ce qui est fort peu de chose pour les grandes personnes peut avoir des inconvénients terribles pour les baby encore à la mamelle.

Quand on a un rhume de cerveau, on ne peu respirer que par la bouche, et un malheureux enfant, quand il tête et que la bouche est remplie par le sein et par le lait, risquerait d'être asphyxié si on n'y prenait pas les plus grandes attentions : d'abord il s'épuiserait en vains efforts pour respirer, puis tout à coup il perdrait connaissance sans qu'on puisse en découvrir la cause, enfin il succomberait d'inanition, car il lui faut de l'air, c'est-à-dire une bonne respiration, pour qu'il puisse aspirer le lait qui est nécessaire à sa subsistance.

Donc, si une mère voit que son enfant a ce qu'on appelle *le nez pris*, il faut qu'elle fasse tomber son lait dans une petite cuiller et qu'elle le fasse boire ainsi à l'enfant tant que sa respiration ne sera pas redevenue libre.

Elle doit exiger le même soin de sa nourrice, si elle ne nourrit pas elle-même.

Puis il faut qu'elle soigne ce petit rhume de cerveau en cherchant à faire respirer à l'enfant un infusion d'eau de guimauve tiède. Si le rhume était trop fort, on mettrait dans son petit nez un peu de poudre composée dans les proportions suivantes :

Sous-nitrate de bismuth	4 gr.
Tannin.	25 centigr.

Puis on lui frottera le nez et le front près du nez avec un peu d'huile d'amandes douces.

Mais le mieux sera de chercher à épargner le plus possible ces petits rhumes à l'enfant ; on y parviendra en ne le mettant jamais dans un courant d'air et en lui couvrant peu la tête, qu'il faudra tenir toujours bien sèche en la frottant avec de la flanelle aussitôt qu'elle sera humide.

SEVRAGE DES ENFANTS.

Sur ce chapitre, les conseils doivent différer un peu selon le genre de nourriture que l'on a donné à son bébé. Car, si c'est le lait de la mère qu'il boit, on peut le sevrer plus tôt; si c'est celui d'une nourrice, on fait bien d'attendre un peu plus tard. La mère et l'enfant, avant la naissance de celui-ci, étant nourris du même sang, ayant vécu en quelque sorte d'une vie commune, l'allaitement a seulement continué cette existence par une sorte de greffe temporaire et peut être graduellement enlevé sans que l'enfant en éprouve aucun mal.

Mais s'il est nourri par une étrangère, il faut plus de précautions et de soins, puisque c'est un régime complet à changer.

On ne saurait fixer d'une manière absolue les limites de l'allaitement, et les médecins, même les plus savants, ont très-fort varié entre eux à ce sujet. Les uns disent qu'il faut suivre l'exemple de la nature et sevrer un enfant de 7 à 9 mois, — le temps qu'il a mis à se former ; — les autres prétendent qu'un long allaitement est au contraire une excellente chose. Mais, par exemple, tous sont d'un commun accord sur ce point important de la question, c'est que les enfants blonds, à chairs molles, à peau blanche et transparente et enclins au lymphatisme, doivent être sevrés plus tôt que les enfants qui sont bruns, secs et colorés.

Avant de sevrer un enfant, il faut avant tout considérer une foule de choses : sa santé, l'état de sa dentition, les conditions du climat, celles de la salubrité, etc., puis on agit alors prudemment et dirigé par un médecin, ce qui est toujours préférable pour la mère et pour l'enfant auxquels les précautions sont nécessaires.

Chez les anciens, le sevrage ne se faisait qu'à trois ans, et c'est la limite qu'indique Galien ; mais il y a là une exagération positive, à moins que les enfants d'autrefois ne fussent pas comme les enfants d'aujourd'hui, car maintenant un bébé de trois ans est un homme !

Il est d'usage chez nous, quand on se trouve dans des conditions normales, de sevrer un enfant entre dix et quinze mois, suivant la santé de la nourrice, l'abondance de son lait, le goût de l'enfant pour une autre nourriture et son état de santé en ce moment.

Un enfant vigoureux peut être sevré brusquement sans le moindre danger, si une circonstance impérieuse oblige à le faire. Mais si l'enfant au est contraire délicat, il faudrait avant tout consulter son médecin pour savoir s'il ne serait pas préférable de lui donner une autre nourrice au lieu de le sevrer, et, si on s'arrête à ce dernier parti, il faut le faire avec une grande prudence et un soin extrêmes.

L'état de la dentition de l'enfant entre pour beaucoup aussi dans la question du sevrage.

On sait que les premières dents des enfants paraissent ordinairement entre cinq et huit mois, et qu'elles sortent par groupe de quatre. Eh bien, il ne faut jamais prendre, pour sevrer son enfant, le moment où le nombre des dents est impair, parce que cela annonce qu'il est en plein travail de dentition. Autrement, le nombre n'y fait rien. Seulement on peut dire qu'en général, le moment qui sépare la poussée des molaires de celle des canines est le plus opportun à choisir pour sevrer, d'abord parce que l'enfant est apte à prendre d'autres aliments que le lait, et puis aussi parce que ce répit dans le travail de la dentition se prolonge suffisamment, ordinairement du moins.

Le choix de la saison où s'opère le sevrage n'est pas non plus une chose indifférente ; on ne doit jamais sevrer les enfants ni pendant les grandes chaleurs, ni pendant les grands froids, quand on peut faire autrement, parce qu'à ce moment-là les affections du ventre sont communes et graves ; le printemps et l'automne conviennent bien mieux, à moins toutefois qu'à ce moment il ne règne une maladie épidémique, surtout celles qui frappent sur les intestins ; alors il faudrait surseoir. Mais si par hasard le sevrage était forcé, il conviendrait de l'opérer autant que possible à la campagne, là où l'air est plus pur ou meilleur.

Quant à la conduite de l'opération du sevrage, il y a encore deux méthodes en présence : celle du sevrage brusque et celle du sevrage lent. Pour moi je suis très-partisan de la première manière; pourtant, il n'y a là-dessus rien d'absolu, et cela doit être selon que les enfants sont plus ou moins préparés au sevrage par une alimentation mixte qui leur plaît.

Beaucoup de mères croient, au contraire, que la meilleure conduite à tenir est d'augmenter progressivement l'alimentation en même temps qu'on diminue l'allaitement; sevrant graduellement l'enfant, d'abord de nuit, puis de soir.

Cette lenteur est excellente pour la santé de la nourrice, j'en conviens; mais est-elle préférable pour l'enfant si toutefois celui-ci mange déjà bien? Là est la question.

Une chose importante, par exemple, c'est de faire entrer dans le nouveau régime du bébé une quantité notable de lait, et pendant assez longtemps, pour lui ménager la transition du lait à un nouveau régime.

C'est une chose très-fâcheuse de voir l'insouciance hygiénique avec laquelle on laisse son enfant, une fois sevré, se livrer à tous ses caprices alimentaires et soumettre son estomac, qui ne s'était jusque-là mesuré presque qu'avec le lait, à l'épreuve de ces mets variés et compliqués qui figurent sur nos tables.

Je terminerai par une observation toute pratique qui a, je crois, son importance.

Les mœurs de nos aïeux excluaient du repas en commun les enfants très-jeunes; aujourd'hui l'enfant peut à peine se tenir assis qu'il prend gravement sa place à la table de famille, et exprime, à la vue de chaque plat, des désirs que l'hygiène condamne, mais que la faiblesse maternelle satisfait. C'est là un abus réel, car il faut au bébé des repas moins longs, une cuisine plus simple et une nourriture plus uniforme.

DE LA DENTITION DES ENFANTS

(Par le Dr Delabarre fils.)

Le prurit de dentition consiste en une sorte de démangeaison ou de chatouillement particulier qui se manifeste dans la région gencivale. C'est le premier indice d'une dentition pénible et difficile. Cette sensation porte l'enfant à introduire fréquemment ses doigts dans sa bouche et à se frotter les gencives, manége qui finit même par devenir chez lui un besoin dominant.

Le prurit agit quelquefois assez faiblement pour que ses effets se bornent à causer au nourrisson une agitation qui trouble ses digestions et son sommeil. C'est ce qui arrive en général au début de la maladie. Mais si le prurit croît en intensité, ou bien encore s'il affecte un enfant doué d'une vive sensibilité nerveuse, il ne tarde pas à devenir le principe d'une foule d'affections diverses.

En effet, ce premier symptôme est très-souvent suivi, lorsqu'on n'y apporte point un prompt remède, d'un autre accident non moins sérieux : je veux parler de la salivation. Aussi est-il utile de prévenir son apparition en combattant le prurit de dentition aussitôt qu'un enfant paraît en être tourmenté. On parviendra sans peine à le vaincre en pratiquant tout simplement des frictions sur les gencives à l'aide du sirop de dentition.

De la salivation.

La salivation est évidemment produite par l'excitation des membranes buccales, et consécutivement par celle des glandes salivaires.

On considère généralement la salivation comme un écoulement favorable à la sortie des dents ; on s'imagine que ce flux de liquide qui vient baigner la bouche sert à attendrir les gencives et à donner aux dents plus de facilité pour les *percer*. Erreur grossière, car les dents ne *percent* nullement les gencives, mais elles se montrent à la suite de l'œuvre de destruction accomplie par le sac muqueux dentaire passant à l'état apueux, et absorbant tout ce qui pourrait faire obstacle à leur sortie. Ce prétendu ramollissement du tissu gencival serait donc, on le voit, sans objet ; d'où il suit que nous ne devons point envisager la sécrétion surabondante de salive comme un bienfait de la nature, mais bien comme le résultat d'un état maladif provoqué par l'excitation des membranes de la bouche.

Pourtant je ne conteste point que la salivation ne soit un correctif pour l'irritation de ces mêmes membranes, aussi me garderai-je bien de prétendre qu'il faille la supprimer brusquement en agissant par voie directe sur les conduits excréteurs des glandes salivaires, ce qui ne manquerait pas de déterminer un engorgement dangereux, mais j'insiste pour qu'on s'attache à détruire la cause de la salivation en cherchant à enlever l'irritation des gencives.

De la fièvre de dentition.

Souvent l'excitation causée par la dentition prend un accroissement rapide ; l'inflammation se déclare, le tissu gencival se tend, se dessèche, contracte une teinte d'un rouge violet, d'un aspect luisant, et devient le siége d'une douleur tellement intense, que le petit malade ne fait presque pas trêve à ses plaintes. A dater de ce moment, il ne supporte plus la présence d'un doigt étranger dans sa bouche et se garde bien d'y porter lui-même les siens. Son visage s'empourpre, se tuméfie : sa bouche est sèche et brûlante ; une soif ardente le consume ; la fièvre s'empare de lui : elle est tantôt continue, tantôt intermittente, mais toujours fort irrégulière ; à l'accablement succède, par intervalles, une agitation des plus vives. Cet état se nomme *fièvre de dentition.*

Le traitement commence à devenir plus compliqué.

Il consiste à enduire de temps à autre les gencives de sirop de dentition, non plus avec les doigts, dont l'enfant ne peut endurer le contact, mais avec un pinceau de blaireau ; le ventre sera tenu libre par des lavements laxatifs, et même, en certaines circonstances, par un purgatif doux, tel que le sirop de chicorée ou quelque autre médicament analogue.

Pour ce qui concerne les boissons, inutile d'en administrer une autre que le lait de la nourrice ; seulement on aura soin, chaque fois que l'enfant aura pris le sein, de lui faire boire une cuillerée d'eau sucrée, afin de rendre le lait plus digestible. Si le sujet est sevré, on le réduira à une alimentation très-légère : de petites soupes maigres et liquides, c'est tout ce qu'on peut lui permettre ; d'ailleurs il n'a pas faim. Est-il sanguin, il faut lui tremper deux fois par jour et alternativement les pieds et les mains dans un bain chaud modérément sinapisé. On pourrait, au besoin, poser une ou deux sangsues derrière les oreilles.

Dans l'hypothèse où le gonflement des gencives résisterait à l'emploi de ces moyens curatifs, il faudrait recourir à un procédé conseillé par un grand nombre de praticiens et que M. Trousseau proscrit d'une manière trop absolue, à l'incision des gencives : « Cet opération, dit-il, ne calme quelquefois « la douleur et les accidents nerveux qu'en agissant « à la manière des scarifications qui dégorgent des « parties enflammées. »

Cela est vrai, et par conséquent, cela peut donc être quelquefois fort utile.

M. Guersant raisonne dans le même sens, et, bien loin d'être convaincu que l'incision des gencives ait jamais sauvé la vie à aucun enfant. il a fait plusieurs fois cette opération sans en obtenir un très-grand bien.

Tout en partageant l'opinion de ces savants, sur ce point essentiel que l'incision des gencives n'a nul effet sur la sortie des dents, car, lorsqu'on la pratique, les dents sont souvent encore profondément cachées dans le sein des alvéoles, je recommande dans certaines conjonctures cette opération comme moyen d'opérer un dégorgement salutaire, propre à prévenir divers accidents, et particulièrement la congestion cérébrale. Elle est indiquée dans les cas de somnolence, de gonflement et de rougeur intense de la face.

Les accidents étant dissipés, il est essentiel, pour prévenir une rechute, de frictionner de temps en temps les gencives, avec une eau de guimauve épaisse.

Des aphthes bénins.

A la suite de l'excitation des membranes de la bouche, il arrive assez souvent que cette cavité est envahie soit dans son entier, soit dans certaines de ses parties, par de petits boutons blanchâtres, fort douloureux au toucher, qui portent le nom d'*aphthes bénins*. Leur présence a pour effet de rendre l'enfant triste, maussade, et d'exciter ses cris par la sensibilité de la déglutition. Si l'on n'y prend garde au début, l'éruption court risque de se propager et de prendre le caractère d'une maladie aphtheuse dont la cure devient longue et difficile ; on en préviendra l'explosion en faisant suivre non-seulement au nourrisson, mais même à la nourrice, un régime rafraîchissant et même légèrement purgatif.

Affections sympathiques des organes.

Mais indépendamment de ces irritations sympathiques de la bouche, on rencontre très-fréquemment, à l'époque de la dentition, des affections également sympathiques des organes gastro-intestinaux, auxquelles un grand nombre d'enfants succombent ; elles sont dues à une excitation particulière de ces viscères et non point à de véritables phlegmasies. C'est une remarque déjà faite par M. le professeur Guersant, ainsi que le démontre le passage suivant :

« On observe, dit ce praticien, des vomissements « sans aucun signe de gastrite et des diarrhées « séreuses ou des flux diarrhéliques sans aucune « inflammation de l'intestin.

« Enfin ces espèces de vomissements sont sou-
« vent réunis à la diarrhée séreuse et constituent
« une maladie particulière qui a beaucoup d'ana-
« logie avec le choléra-morbus. »

Irritations sympathiques de l'estomac.

Il y a des cas où l'excitation sympathique se porte vers l'estomac : alors on voit cet organe se refuser à supporter non-seulement les aliments, mais même les mucosités, qui sont rejetées à mesure qu'elles viennent s'accumuler dans son intérieur ; les vomissements sont incessants. La nutrition se trouvant, par suite de ce phénomène morbide, complétement neutralisée, la vie de l'enfant est mise, à défaut d'un prompt remède, dans un danger sérieux.

Il est donc urgent de remonter à la source du mal, en calmant l'irritation des gencives. En outre, on recommande l'usage des cataplasmes émollients sur l'épigastre, des bains tièdes et des boissons adoucissantes avec addition de quelques narcotiques, administrés par quantités très-minimes, et toujours avec le conseil du médecin ; mais sans vouloir infirmer l'efficacité de ce traitement, je ne saurais passer sous silence une recette qui m'a très-fréquemment réussi : elle consiste à battre un blanc d'œuf dans de l'eau d'amidon édulcorée de sucre, que l'on fait prendre de temps en temps à l'enfant par cuillerées à café ; dans certains cas particuliers, on ajoute à cette potion un atome de laudanum.

On obtient encore d'heureux résultats de l'emploi du magistère de bismuth pris à la dose de 20 à 30 centigrammes par vingt-quatre heures ; on répète cela durant plusieurs jours, et il est quelquefois nécessaire d'augmenter la proportion de ce médicament.

Il importe d'attacher la plus sérieuse attention aux vomissements, car ce symptôme est chez les enfants le début de plusieurs maladies graves du cerveau et des organes abdominaux. Cependant, à l'époque de la dentition, le vomissement coïncide fréquemment avec la sortie des dents, preuve nouvelle de l'effet sympathique qu'exerce sur l'estomac l'excitation dentaire, et qui confirme l'observation que nous avons faite, que les matricules au sein desquelles les dents prennent naissance et se développent sont des prolongements des membranes de l'estomac.

Ces vomissements, produits par une excitation purement nerveuse, ne sont accompagnés ni de rougeur de la langue, ni de sensibilité dans la région épigastrique. Point d'autre désordre qu'un état persistant d'agitation, d'anxiété, de malaise, et perte plus ou moins absolue d'appétit. Il y a même des cas assez rares où il n'existe pas de fièvre, et où l'enfant conserve sa gaieté habituelle ; ces symptômes morbides ne manquent jamais de disparaître avec l'excitation gencivale. Aussi est-il indispensable de la combattre activement et sans relâche.

Irritation sympathique des intestins. — Diarrhée.

Lorsque l'excitation sympathique se fixe sur les intestins, il s'établit alors une diarrhée plus ou moins abondante, qui, chez un grand nombre d'enfants doués d'une extrême sensibilité nerveuse, ne tarde pas à passer à l'état séreux. La gravité de cette affection n'est pas au dessous de celle de la précédente ; elle affaiblit rapidement les enfants, chez lesquels elle engendre le marasme, l'étisie et même la mort.

Telle est l'ignorance qui a présidé bien longtemps à la médication des maladies de la dentition que, faute d'en avoir découvert la véritable cause, l'excitation dentaire, on a considéré, et quelques praticiens considèrent encore la diarrhée comme un excellent dérivatif à opposer aux convulsions ; elle a, suivant eux, la propriété de maintenir le système nerveux dans un état de relâchement très-favorable à la dentition.

Moi, je soutiens, au contraire, que la diarrhée constitue un état maladif dépendant de l'excitation *nerveuse* des mâchoires en travail, et je n'en veux pas d'autre preuve que l'absence de toute espèce d'inflammation intestinale observée sur les cadavres des enfants morts, à cette époque de la vie, des suites de la diarrhée séreuse.

Permettez à la diarrhée de s'établir, et vous ne savez plus à quel moment vous parviendrez à vous en rendre maître. Or, s'il est vrai qu'une diarrhée légère et dont la durée se borne à un jour peut avoir, comme purgatif, des effets favorables, il n'est pas moins certain que dès qu'elle se prolonge au delà de vingt-quatre heures et qu'elle prend un certain caractère d'intensité, elle ne constitue rien moins qu'une maladie très-positive et à laquelle on ne saurait opposer une trop prompte résistance. En effet, les intestins jouent, dans l'économie, un rôle de la plus haute importance et non moins essentiel à ménager que le rôle du cerveau.

On m'objectera peut-être que la constipation a parfois l'inconvénient de déterminer des convulsions ; j'en conviens, mais elles sont d'une nature bénigne et cèdent aisément aux laxatifs ; tandis que la diarrhée persévérante dispose à des convulsions mortelles, par suite de l'ébranlement, de l'irritation et de la faiblesse, par lesquels elle fait alternativement passer le système nerveux.

Une particularité qui n'échappera point à l'observateur, c'est que les enfants naturellement constipés sont, en général, vifs, ardents, frais, gais et bien portants, tandis que ceux qui sont prédisposés à la diarrhée sont, au contraire, faibles, pâles, maladifs et languissants.

De ce qui précède, il résulte que la croyance attribuant à la diarrhée une influence favorable à la dentition se trouve être un préjugé sur lequel il importe de revenir. La diarrhée, de même que la salivation, est le produit de l'excitation dentaire, et elle doit être, au même titre que celle-ci, l'objet de la sollicitude des praticiens.

Mode de traitement : Frictions sirupeuses sur les gencives, boisson d'eau de riz gommée, cataplasmes sur le ventre, lavements amidonnés et quelquefois légèrement opiacés.

Le magistère de bismuth possède encore, en cette circonstance, une vertu spécifique. On pourra recourir à l'emploi de ces moyens, soit isolés, soit combinés, suivant la gravité du cas ; c'est au praticien judicieux et éclairé à juger ce qu'il convient de faire. Mais j'insiste pour que, dès la première manifestation de la maladie, l'homme de l'art soit consulté ; on ne sait pas assez à quelles funestes conséquences peut entraîner, en pareille matière, la plus légère négligence.

On ne fera usage des opiacés qu'avec une extrême prudence, les enfants très-jeunes étant naturellement prédisposés au narcotisme ; on devra préférer les applications externes de laudanum sur le ventre : mais l'action des préparations d'opium par la voie cutanée est lente, et lorsque le danger presse, il faut bien se résoudre à user du sirop diacode du *Codex* ou de quelque autre médicament analogue.

Le plus fâcheux de tous les symptômes qui se manifestent pendant cette affection, c'est la prostration qui s'empare du malade. Les moyens les plus efficaces pour combattre cet état, ce sont les sinapismes et les vésicatoires : il faut en appliquer sur les extrémités, et même, si les accidents s'aggravent, à la nuque et sur l'épigastre ; pourtant les toniques et les excitants à l'intérieur doivent être écartés, car leur intervention est aussi dangereuse que le sont les vomitifs dans la première période.

Quand la maladie se présente sous la forme du choléra-morbus, il est rare qu'elle n'aboutisse pas rapidement à la mort ; tous les traitements sont alors à peu près impuissants. Les opiacés, dans ces cas désespérés, sont la dernière ressource sur laquelle on ait le droit de fonder quelque espoir.

DANGER DES NARCOTIQUES

ADMINISTRÉS AUX ENFANTS

Il est un abus qui existe principalement dans les villages, abus qui consiste à donner aux enfants un breuvage narcotique, préparé avec des têtes de pavot et destiné à les endormir, soit pour que les parents soient plus libres, soit pour apporter du repos à l'enfant si la dentition le tourmente.

Cette pratique fait de nombreuses victimes, le principe actif que renferment les têtes de pavot n'étant autre chose que de l'opium, qui devient un véritable poison lorsqu'il est administré, par des mains inexpérimentées, aux enfants du premier âge surtout. Aussi ces pauvres enfants dépérissent-ils à vue d'œil, quand on leur fait prendre habituellement de cette boisson ; du dépérissement ils tombent dans le marasme et s'éteignent lentement, si toutefois le narcotique n'entraîne pas une fièvre cérébrale qui les enlève plus promptement.

Il ne faut donc jamais donner une préparation narcotique à un enfant sans une ordonnance formelle du médecin.

DE L'ALIMENTATION DES ENFANTS EN BAS AGE.

L'alimentation de l'enfant en bas âge doit être, avant tout, déterminée par le nombre et la forme de ses dents, mais quand je dis *avant tout*, j'excepte bien entendu de ce *tout* là ce qui tient à la santé, et ces conseils doivent être pris pour le cours habituel des choses.

Parmi les conditions sur lesquelles se fondent l'existence et la santé de l'homme, l'alimentation est assurément une de celles qui occupent le premier rang ; mais loin que ses effets répondent au vœu de la nature, ils la contrarient, ou produisent dans l'économie les désordres les plus funestes, lorsque la qualité et la quantité des éléments ne sont point en équilibre parfait avec les besoins et les forces de l'individu qui en charge son estomac.

Or, si l'homme le plus robuste et le mieux constitué succombe tôt ou tard à des actes d'intempérance fréquemment répétés, comment une frêle créature, à peine sortie du sein de sa mère, et dont l'organisme n'est encore qu'à l'état d'ébauche, résisterait-elle à un régime alimentaire hors de proportion avec la puissance de ses organes digestifs ?

Le premier principe dont une mère doit se pénétrer, c'est que la condition d'un très-jeune enfant est identiquement pareille à celle d'un convalescent épuisé par une longue et cruelle maladie, et auquel il s'agit de rendre par degrés la force et la vitalité.

Comment s'y prendrait-on, si ce n'est par des ménagements infinis. C'est donc avec les plus grands ménagements et par degrés qu'il faut habituer l'estomac du bébé à supporter et à digérer une nourriture qui lui est encore complétement inconnue.

Dans ce travail ce sont ses petites dents qu'il faut prendre pour principal auxiliaire car une nourriture bien mastiquée est à moitié digérée ; aussi donner à manger trop tôt aux enfants est un détestable système, et plusieurs savants médecins, qui soignent particulièrement les enfants assurent que généralement les bébés soumis à ces régimes ont beaucoup plus de peine à s'élever que les autres. Ils ont observé que les enfants nés de familles riches échappent bien plus difficilement à la crise de la dentition que les enfants d'origine modeste, et ils expliquent cela par la profusion de friandises dont les premiers sont comblés dès leur plus bas âge ; car l'effet des aliments surabondants est de surcharger les entrailles d'un excès de matières qui encombrent les canaux digestifs, irritent les intestins, gênent la circulation du sang, altèrent son essence et réagissent puissamment sur le système nerveux.

Or, dès que ce système est mis en jeu à l'époque du travail de la dentition, travail douloureux qui, par lui-même, surexcite déjà si vivement l'état nerveux du pauvre petit être, jugez quelles graves conséquences il peut amener à sa suite !

C'est cependant la faute que les mères commettent trop souvent, soit dans la crainte chimérique de voir dépérir leur enfant, soit pour obéir à ce préjugé vulgaire qui consiste à croire qu'il faut forcer le bébé sur sa nourriture pour en faire ce qu'on appelle un *beau nourrisson.*

Cette faute s'appuie sur une erreur grave : charger l'estomac d'un petit enfant de substances dont la digestion exige de longs et pénibles efforts, ce n'est point fortifier sa santé, c'est tout au contraire troubler ses fonctions vitales, appauvrir et, finalement, ruiner sa constitution naissante par un travail supérieur à ses forces et à l'activité de sa vigueur.

La sobriété pour l'enfant est donc une des choses dont la mère ne doit jamais s'écarter : et qu'elle sache bien que jamais on n'a perdu un enfant parce qu'il a peu mangé, tandis que chez beaucoup une indigestion a entraîné presque toujours les conséquences les plus graves, sinon la mort.

APPARITION GRADUELLE DES DENTS. — ORDRE ET GRADATION A OBSERVER PAR RAPPORT AU RÉGIME DE LA PREMIÈRE ENFANCE.

Cette question de l'alimentation de l'enfance est tellement importante que je ne puis résister à faire encore un emprunt au docteur Delabarre, dont l'opinion sur cette matière est sans appel; et voyons ce qu'il dit tant sur l'apparition des dents que sur la gradation à suivre dans l'alimentation du bébé.

Les dents sont les auxiliaires obligés, on peut même dire les instruments des organes de la digestion.

Si l'estomac eût été conformé de manière à se passer de leur coopération, la nature, qui ne fait rien sans motif et sans but, eut laissé les mâchoires de l'homme dégarnies pendant toute la durée de son existence, ainsi qu'elle l'a fait, d'ailleurs, à l'égard de certaines classes d'animaux. La précaution même qu'elle a prise de les tenir désarmées dans la dernière période de la vie implique, sans l'ombre d'un doute, prohibition de tout aliment dont la digestion exige une trituration préalable. Ne suis-je pas en droit de conclure de ce premier fait, que si la nature ne pourvoit pas simultanément les mâchoires de toutes les dents ; si, au contraire, elle ne procède que lentement et par degrés à l'œuvre de la première dentition, c'est dans l'intention formelle d'apprivoiser progressivement l'estomac avec les substances dont l'ensemble constitue l'alimentation de l'homme ?

Une preuve de plus de l'évidence de ma proposition, c'est la différence caractéristique qu'on observe entre les diverses catégories de dents, dont la structure spéciale indique et précise la destination. Ainsi, les premières qui apparaissent, et qui sont au nombre de huit, accouplées quatre par quatre à la partie antérieure des deux os maxillaires, sont délicates, fragiles, taillées en biseau, conséquemment coupantes, et fonctionnant, lorsqu'elles se rapprochent et se croisent, à la manière d'une paire de ciseaux. Elles ne sont bonnes qu'à entamer ou à diviser les corps, mais ne présentent aucune disposition qui les rende propres à la mastication. Elles se nomment *incisives*.

Les *canines*, qui se montrent plus tard, sont longues, coniques, acérées, et visiblement destinées à pénétrer profondément dans les chairs pour ouvrir un passage aux sucs que les gencives sont chargées de pressurer et d'exprimer.

Les *molaires* surgissent les dernières ; leur forme carrée, leur épaisseur, leur puissance, leur larges surfaces munies de lobes et d'engrenages qui s'ajustent parfaitement les uns dans les autres quand elles se trouvent en contact, leur assignent impérieusement leurs fonctions : elles sont appelées à broyer et à triturer tous les comestibles, quelle qu'en puisse être la nature.

Le tableau suivant indique d'une manière précise l'ordre d'émission des vingt dents temporaires dites *dents de lait*, et l'époque approximative de leur sortie.

Du 1er au 4e mois. Point de dents.
Du 4e au 6e. . . . 2 incisives médianes à la mâchoire inférieure.
Du 6e au 8e. . . . 2 incisives médianes à la machoire supérieure.
Du 8e au 10e. . . . 2 incisives latérales à la mâchoire inférieure.
Du 10e au 11e. . . 2 incisives latérales à la mâchoire supérieure.
Du 11e au 14e . . . 2 incisives molaires à la mâchoire inférieure.
Du 15e au 17e . . . 2 incisives molaires à la mâchoire supérieure.
Du 17e au 18e . . . 2 canines à la mâchoire inférieure.
Du 18e au 20e . . . 2 canines à la mâchoire supérieure.
Du 20e au 24e . . . 2 deuxièmes molaires à la mâchoire inférieure.
Du 24e au 30e . . . 2 deuxièmes molaires à la mâchoire supérieure.

Il ne reste ainsi qu'à suivre, d'après ce tableau, la marche adoptée par la nature, et à fortifier peu à peu le régime de l'enfant parallèlement aux phases successives de l'éruption dentaire. Car je considère comme impossible que la conviction d'une mère résiste à l'évidence logique de cette méthode.

Le nourrisson vient d'accomplir son quatrième mois. Deux petites dents, dites *incisives médianes*, percent la gencive inférieure. C'est la marque indubitable que le lait de la nourrice ne suffit plus à ses besoins, et que ses organes réclament quelque chose de plus nutritif. Un peu de tapioca, d'arrow-root, de semoule, de vermicelle, ou bien encore de la biscotte et même une poignée de mie de pain bien séchée, qu'on fait bouillir, une demi-heure durant, dans une notable quantité d'eau, avec addition d'une pincée de sucre ou de sel, constitue un léger potage très-convenable pour la circonstance. On en offre à l'enfant quelques cuillerées, mais d'abord une fois par jour seulement, afin de familiariser l'estomac tout doucement et sans surprise avec un régime plus nourricier que le lait.

Il est à remarquer que la soif est un besoin chez l'enfant qui commence à manger ; l'eau sucrée constitue pour lui le breuvage par excellence. Le vin, même largement étendu d'eau, possède une vertu trop excitante. D'ailleurs le régime lacté s'accommode mal de sa présence.

A l'apparition des dents incisives supérieures, il est à propos de doubler la ration de potage, c'est-à-dire de la donner deux fois par jour. On se réglera sur la sortie des quatre autres dents de la même série pour épaissir petit à petit les soupes jusqu'à ce qu'elles présentent la consistance de la bouillie, mais on se gardera de rien précipiter, et de leur faire atteindre leur *maximum* de densité avant que les huit incisives aient effectué leur évolution complète.

Les quatre dents qui leur succèdent immédiatement ont reçu le nom de *molaires*. Leur conformation permettant à l'enfant un commencement de trituration. il n'y a nul inconvénient à lui donner d'abord du riz bien cuit, des panades, plus tard des échaudés, du pain trempé dans du lait coupé ou dans un jaune d'œuf, des pommes de terre en purée, des asperges, enfin une petite quantité de poisson léger, tel que sole frite, limande, carrelet, merlan, etc.

Aussitôt que les dents suivantes, dites *canines* ou

œillères, pareillement au nombre de quatre, commenceront à se laisser entrevoir, on essaiera timidement de quelques potages au pain et au bouillon de poulet ou de veau, puis on arrivera par une transition presque insensible au bouillon bien dégraissé et fortement coupé. Si la digestion s'en opère facilement et sans accident, c'est une preuve qu'on peut diminuer graduellement la proportion d'eau jusqu'à suppression absolue. Une fois façonné à l'usage du bouillon gras, l'estomac est en état de supporter les jus de volaille et de viandes rôties. Il est temps de donner aux aliments substantiels l'avantage sur l'alimentation lactée. Dès lors, l'allaitement ne sera plus en quelque sorte qu'une concession faite à l'habitude ; pourtant il serait dangereux de le suspendre brusquement, mais on y procédera par une gradation assez rapide pour qu'il disparaisse à l'époque où la dernière des canines atteindra le terme de sa croissance.

Ce procédé sage et prudent présente une double garantie de sécurité : il sauvegarde la santé de la mère aussi bien que celle de l'enfant ; car si l'un est mis, par ses bienfaits, à l'abri des dangers qui peuvent naître d'un changement subit dans le mode d'alimentation, l'autre y trouve l'avantage de perdre insensiblement son lait, dont les derniers vestiges cèdent sans peine à un léger traitement.

Mais, dira-t-on, les règles que vous avez posées touchant la marche périodique de l'éruption dentaire sont contredites par de nombreuses exceptions. Tantôt la dentition est précoce, tantôt elle se fait attendre. Comment se comporter dans ces cas anormaux ?

Bien loin d'infirmer l'autorité de ma méthode, ces faits particuliers, et contradictoires en apparence, lui donnent pleinement raison. Il me suffit, pour le démontrer, d'établir que les dents ont avec les organes digestifs la corrélation la plus immédiate et la plus intime, ce qui est très-facile à prouver anatomiquement.

En effet, si l'on examine avec attention les membranes au sein desquelles s'opèrent la naissance et le travail des dents, on acquiert la certitude qu'elles ne sont autre chose que le plongement des membranes de l'estomac; d'où l'on ne peut s'empêcher de conclure, ce me semble, que les dents procèdent directement de ce viscère. Partant de là, le mystère ne s'explique-t-il pas de lui-même ? Comment ne pas reconnaître que l'estomac joue, en cette circonstance, le rôle de régulateur, et qu'il marque, par la précocité ou la tardiveté de la dentition, l'état précis de son développement, la nature exacte de ses besoins ?

Rien de moins étonnant que la diversité qui se manifeste entre nourrissons du même âge. Pourquoi les différences qu'on observe dans les tempéraments formés ne se produiraient-elles pas dès l'enfance ? Tel engloutit dans un seul repas plus de nourriture que tel autre n'en absorbe dans toute une semaine ; et cependant chacun des deux se trouve bien de son régime, et se trouverait mal du régime opposé. C'est une question de complexion.

En faut-il davantage pour réduire à néant l'objection que je combats ? J'engage les mères attentives à retirer et à méditer ces considérations que j'ai présentées sous la forme la plus claire et la plus simple qu'il m'a été possible. Si nouveau que soit le principe sur lequel elles sont fondées, qu'on soit bien convaincu que je ne cherche point à être neuf, mais à être utile. Ce système n'est point le fruit de l'empirisme, ni d'une théorie conçue *à priori* ; il est le résultat de longues et sérieuses études basées sur l'examen des faits et sur des expériences constantes. J'ajoute, pour lever tous les doutes et pour dissiper toutes les craintes, que, de tous les enfants élevés d'après ces données, pas un seul n'a été tourmenté d'une manière inquiétante par la dentition.

DES SOINS QU'IL FAUT DONNER

AUX ENFANTS EN BAS AGE.

Depuis le commencement de ce siècle, les conseils de J.-J. Rousseau, dont le système d'éducation physique et morale pour les enfants a été durant de longues années fort à la mode, puis les façons anglaises, que nous avons voulu imiter, ont singulièrement modifié le genre de soin que les mères prodiguaient jadis à leurs enfants en bas-âge; ainsi à peine que ce cher petit être a-il passé les premières semaines de sa vie, qu'aujourd'hui on lui découvre les bras, les jambes et la poitrine; puis, sous le prétexte que les maillots gênent leurs mouvements, on les habille absolument comme de gentilles poupées Huret.

Tout cela peut être fort élégant, fort gracieux et flatter la coquetterie des mères; malheureusement tout cela aussi nuit beaucoup à la santé de leur enfant et trop souvent encore peut même entraîner la mort.

Autrefois, disait-on *on élevait les enfants dans du*

coton, maintenant, par excès contraire, on veut les habituer au froid lorsqu'ils ont à peine vu le jour, ce qui est une véritable aberration, suivant l'avis de tous les médecins prudents et sages.

Que diriez-vous d'un jardinier qui laisserait exposées au rigueur de la bise des petites plantes délicates et à peine nées ? — Ne le traiteriez-vous pas d'ignorant et de fou de ne pas savoir que d'abord ces frêles pousses doivent s'élever sur couches, avec de grands soins, beaucoup de paille et de fumier, et qu'on ne doit les mettre en pleine terre que lorsqu'elles sont assez fortes pour pouvoir résister aux violences de l'atmosphère.

Il en est de même des enfants, dont l'ennemi le plus cruel est le froid, sachez le bien ; car la réaction ne s'opère encore chez eux qu'avec une extrême difficulté ; leur pauvre petit corps, une fois refroidi, ne se réchauffe que très-difficilement. Il est bien entendu que je ne parle ici que des enfants qui ne marchent pas ou marchent à peine, car plus tard la course et le jeu sont les plus puissants réactifs.

Mais les Anglais, me direz-vous, exposent leurs enfants à peine nés à leur température bien plus froide et bien plus brumeuse que la nôtre; or les Anglais sont très-forts et les Anglaises très-belles.

D'accord pour ceux qui survivent, mais leurs familles sont si nombreuses que l'on compte à peine les enfants qui meurent en bas âge : puis, combien voyez-vous plus tard de jeunes filles et de jeunes gens frappés de cette horrible maladie des scrofules, dont ils portent le germe depuis le commencement de leur existence, germe dû, croyez-le, presque toujours aux premiers soins qui leur sont donnés et qui altèrent les sources de la vie. Ce germe, se propageant sans distinction de rang ni de race, multiplie ces accidents qui désolent toutes les classes de la population anglaise et qui, malheureusement, commencent à se montrer bien plus fréquemment chez nous.

Loin de moi pourtant la pensée de vouloir conseiller aux mères d'envelopper leurs enfants outre mesure ; mais de l'exagération à la vérité, il y a une grande distance ! et ce que je veux leur dire d'éviter, c'est la mode ridicule de découvrir les jambes des petits enfants, leurs jolis bras potelés et leur poitrine blanche. Les bas de laine ; montant jusqu'à la moitié des cuisses sont une excellente chose pour eux et peuvent leur éviter mille accidents durant la dentition ; tandis que les manches descendant jusqu'au coude, la robe montant jusqu'au cou, sont ungrand préservatif contre le croup. Que le corps de votre enfant soit toujours maintenu dans un juste équilibre de température ; que la main en consultant sa surface, n'y rencontre ni froideur ni transpiration, c'est le seul moyen de l'entretenir en bonne santé.

Ne faites qu'à l'eau tiède, durant l'hiver, les ablutions sur votre petit enfant, et essuyez-le avec grand soin, car l'humidité lui serait encore très-contraire. Ne lui lavez jamais la tête, le passage d'une brosse douce et d'un linge sec suffit pour la nettoyer. Dans le bas âge, la tête des petits enfants est dans un état de transpiration permanente, et l'humidité, suite naturelle du lavage, peut entraîner la suppression de cette transpiration bienfaisante, et amener les plus grands dangers.

Baignez souvent votre enfant, mais que son bain soit court et l'eau d'une température très-douce, *chaleur de sang*, disent les *bonnes femmes ;* et les *bonnes femmes* ont souvent raison, car c'est l'expérience qui parle par leur bouche ; pourtant ne faites pas de ce bain une habitude journalière, afin qu'il puisse servir utilement dans un cas de maladie.

Il est aussi très-bon, durant la dentition, de laisser jouer souvent pendant le jour votre enfant de façon à ce qui mette ses mains dans de l'eau plus que tiède, un peu chaude même ; ce sont des bains de mains qui détournent le sang de la tête et dégagent ainsi ses pauvres gencives si enflammées.

C'est par tous ces petits moyens qu'une mère vigilante et sage peut empêcher de grands malheurs.

Les pieds chauds, la tête fraîche et le corps libre, voilà les trois auxiliaires de la santé, chez tout le monde, mais bien plus encore chez les enfants. Ne vous départez jamais de ce principe, et vous vous en trouverez fort bien. J'ajouterai qu'il est aussi de la plus haute importance de faire garder la chambre à l'enfant aussitôt qu'il se manifeste chez lui la plus légère indisposition ; et le principe que *lè grand air lui fera du bien* est une chose funeste, à moins que le médecin ne soit d'avis contraire, car la diète et la chaleur sont les deux moyens à employer tout d'abord dans un dérangement quelconque. On ne regrette jamais d'avoir pris trop de précaution, tandis que le contraire pourrait entraîner des remords.

Enfin pour me résumer sur ce point, je conclus qu'il faut qu'un enfant soit habillé chaudement, de façon qu'il soit parfaitement à son aise ; peu de robes ajustées, qui lui serrent la poitrine et lui compriment l'estomac et les poumons ; peu d'entournures étroites, qui empêchent le jeu des muscles ; enfin pas de cordons serrés qui arrêtent la circulation.

ATTENTION AU BÉBÉ !

Dans une édition populaire de ses excellentes NOTES SUR L'HYGIÈNE DES CLASSES LABORIEUSES ET SUR LES SOINS A DONNER AUX MALADES, Miss Nightingale a compris un chapitre consacré aux enfants et intitulé : *Attention au Bébé !* — Elle y a mis, à la portée des plus humbles mères de famille, des nourrices, des jeunes sœurs à qui sont dévolues, dans les pauvres ménages de la ville et de la campagne, les délicates fonctions de bonne d'enfant, des instructions claires, précises, d'une utilité toute pratique. Nous nous empressons donc de citer ce chapitre pensant que riches et pauvres en pourront faire leur profit, et que les nourrissons de toutes classes en seront mieux soignés, mieux portants, plus heureux.

« Bébé n'est pas le premier venu. Son arrivée dans le monde est un grand événement, attendu, désiré de toute la maison. Ce petit enfant, c'est Dieu qui nous l'envoie, afin que notre cœur s'élargisse en l'aimant, afin que nous exercions en sa faveur nos facultés d'observation, d'adresse, de jugement.

Il ne parle pas, et déjà il enseigne. Il nous apprend à être doux, patients, attentifs; il combat nos penchants égoïstes, car il a sans cesse besoin des autres; et qui ne s'oublierait pour penser à ce pauvre cher bébé, qui ne peut rien pour lui-même et qui mourrait sans nous? Vous le voyez, bébé est une bénédiction; il est chargé de nous rendre meilleurs; il faut que nous nous formions à son école, afin de pouvoir, à mesure qu'il grandit, lui donner l'exemple de tout ce qui est bien. Voilà de grands titres à notre protection; mais il ne suffit pas de vouloir soigner bébé, il faut savoir comment s'y prendre, et j'essaierai de vous dire ce que j'en sais.

« Si les grandes personnes souffrent du mauvais air, à plus forte raison l'enfant. Soyez sûr que dans une chambre fermée, chaude, quelquefois encombrée de meubles, où l'air est épais, corrompu par la respiration de plusieurs personnes, le petit sera mal à l'aise, s'agitera, criera pour sortir, ou, ce qui est pis, il languira, s'étiolera, sans avoir la force de protester. Ayez donc bien soin de renouveler l'air dans la pièce où couche l'enfant. Il sent de la difficulté à respirer là où vous n'en éprouvez aucune. S'il dort quelques heures, à plus forte raison plusieurs nuits de suite dans un air malsain, l'enfant deviendra infailliblement chétif, maladif; il aura la rougeole, la scarlatine, et il ne s'en tirera pas bien.

« Bébé est beaucoup plus sensible au manque d'air frais que vous; c'est pourquoi il faut lui en donner le plus possible, en le sortant souvent, en aérant la chambre pendant qu'on le promène. Bébé sent le froid, le chaud, bien avant que vous le sentiez, et par-dessus tout, il souffre de la malpropreté. Voyez comme il est content dans son bain d'eau tiède ! il rit, il étend ses bras, ses jambes ; il frappe de ses petites mains l'eau qui lui rejaillit au visage, et il rit encore plus fort. Bébé a besoin qu'on le change de langes, de robe, qu'on mette sa paillasse à l'air, qu'on en lave la toile, qu'on en renouvelle la paille, dès qu'il y a la moindre mauvaise odeur. Il faut à Bébé des draps blancs plus souvent qu'à vous. Si la maison est sale, Bébé en souffrira plus que vous. Il lui faut son petit berceau à lui tout seul, où il ne doit être ni trop couvert, ni trop peu ; de même quand on le lève, si la mère est occupée, c'est à vous, petite sœur, à voir que Bébé soit chaudement et légèrement vêtu, assez, pas trop.

« Prenez bien garde de ne pas effrayer Bébé par des bruits forts et soudains. Surtout ne l'éveillez pas de cette façon. Des bruits qui ne vous font pas peur font peur au petit. Il tressaille, et cela ne lui vaut rien. Les nourrices ont la mauvaise habitude de frapper dans leurs mains, de parler haut. Elles ne savent pas que des enfants malades sont morts par suite de ces surprises, qui donnent à des organes délicats un ébranlement plus fort que vous n'en ressentez, vous, d'un coup ou d'une chute.

« La nourriture de Bébé réclame toute votre attention. Soyez exacte à la minute à lui donner sa soupe ; ne lui en donnez pas trop à la fois. S'il refuse, n'insistez pas ; il sait mieux que vous ce qu'il lui faut. S'il crie, s'il souffre, c'est que vous avez surchargé son petit estomac ; il ne faut pas non plus le trop peu nourrir. Un point important, c'est que la nourriture soit saine, légère, facile à digérer. Ne lui donnez surtout rien qui le pousse à dormir, à moins que ce ne soit par ordonnance du médecin.

« Vous ne sauriez croire combien j'ai vu d'enfants bien portants languir et mourir, parce qu'on leur avait fait boire quelque chose pour les faire dormir ou les faire tenir tranquilles. Ils ne mouraient pas la première fois, ni la seconde, ni peut-être la dixième fois, mais ils dépérissaient, puis mouraient à la longue.

« Je pourrais vous conter bien des histoires de malheurs arrivés, à ma connaissance personnelle, à de pauvres bébés, par suite de la négligence ou de l'ignorance des nourrices et des bonnes d'enfants.

« Je vous en dirai quelques-unes un jour.

« D'abord, Bébé, quand il est sevré, doit avoir à manger souvent, régulièrement, et pas trop à la fois.

« J'ai connu une mère dont l'enfant, pris un jour de convulsions, fut en danger de mort. Il avait environ un an. La mère, ayant à sortir et craignant d'être longtemps absente, lui fit faire ses trois repas en un. Qu'y a-t-il d'étonnant, après cela, que le pauvre petit ait failli étouffer ?

« J'ai vu une petite fille de cinq à six ans à qui sa mère, forcée d'aller vendre son lait et ses légumes très-loin de chez elle, confiait le petit frère, qui avait un peu moins d'un an. La petite fille se montrait attentive et faisait ce que sa mère lui avait recommandé. Cependant une étrangère, étant entrée un jour dans la chaumière (car c'était une pauvre demeure), dit à l'enfant :

« — Prenez garde, vous allez brûler la bouche de Bébé.

— Oh ! non, répliqua la petite fille, je brûle toujours la mienne avant. »

« Quand je dis d'avoir soin de Bébé, je ne prétends pas que vous l'ayez sans cesse sur les bras. S'il est assez âgé, assez fort, et que le temps soit assez chaud pour qu'il ait en lui quelque chaleur, il vaut beaucoup mieux le laisser s'allonger, se détirer sur une couverture étendue à terre. Il lui est beaucoup plus sain de s'amuser tout seul que d'être excité par du bruit, des rires, des paroles.

— Mais, dira-t-on, il s'ennuie par terre ; il veut qu'on le prenne.

« Eh bien ! c'est que vous lui avez déjà donné de mauvaises habitudes, fatigantes pour vous, malsaines pour lui.

« Le bébé le plus beau, le mieux portant, le plus vif, le plus heureux que j'aie jamais vu, était l'enfant unique d'une blanchisseuse très-occupée. Elle lavait tout le jour dans une arrière-pièce dont la porte ouverte donnait sur une grande chambre où elle mettait le petit. Il était assis ou bien roulait à quatre pattes sur le plancher, sans autre compagnon de jeu qu'un petit chat qui le divertissait bien mieux qu'une bonne, et sans faire de bruit. La mère tenait l'enfant admirablement propre, et le nourrissait avec une régularité parfaite. Jamais rien ne l'avait effrayé ni fait tressaillir. Si quelqu'un entrait, il en avertissait sa mère, non par un cri, mais par un joyeux petit chant d'oiseau.

« J'ai habité plusieurs mois tout proche, et je n'ai jamais entendu l'enfant pleurer, ni le jour ni la nuit.

« Je crois qu'on s'occupe beaucoup trop maintenant d'amuser les enfants au lieu de les laisser s'amuser tout seuls. Plus d'un père, plus d'une mère riches ou pauvres, cèdent à l'envie de faire de Bébé un jouet, de s'en amuser eux-mêmes, et ils ne réfléchissent pas que c'est aux dépens de l'enfant, et que chaque excitation lui ôte des forces en développant trop sa sensibilité nerveuse.

« Gardez-vous de chercher à faire rire Bébé aux éclats. Ne le faites pas grimacer, ni répéter le jeu de votre physionomie ; l'attention qu'il prête à toute cette mimique impose à son cerveau un effort beaucoup trop grand. Ne l'excitez pas ; il rira bien de lui-même à son heure, quand la nature le voudra, et alors ce sera un épanouissement, non une fatigue. Ne détournez jamais l'attention de l'enfant. S'il regarde une chose, ne lui en montrez pas une autre. Laissez-le faire tranquillement ses petites expériences. D'un autre côté, l'engourdissement et surtout le manque de lumière lui font encore plus de mal qu'à vous.

« Un enfant dont on voulait cacher l'existence fut élevé tout à fait seul dans une chambre obscure ; il ne voyait que la personne qui le nourrissait ; on en prenait grand soin ; il était traité avec beaucoup de douceur ; il grandit, et on s'aperçut qu'il était idiot.

« Beaucoup de lumière, le grand air, le grand jour, et particulièrement la clarté du soleil, sont indispensables pour rendre l'enfant actif, gai, intelligent. N'allez pas cependant, par un excès contraire lui brûler la cervelle en exposant sa tête aux rayons du soleil quand il sort, surtout dans sa petite voiture roulante, par une chaude journée d'été.

e laissez jamais l'enfant éveillé dans l'obscurité ; que la chambre qu'il habite soit toujours claire que le soleil y entre et l'assainisse. Ne fermez les rideaux des fenêtres que sur l'ordre du médecin, qui, pour certaines maladies, peut juger nécessaire de tempérer le jour.

« La moitié des bonnes d'enfants se recrute parmi les jeunes filles de dix à vingt ans ; de plus jeunes encore, dans les ménages d'ouvriers, sont appelées à remplacer la maman, à soigner le nourrisson : de sorte qu'il est clair que, dans neuf cas sur dix, la santé du petit pendant toute sa vie dépendra du soin de la jeune bonne.

« Une charmante personne a langui et souffert jusqu'à sa mort par suite de l'étourderie de sa sœur de lait, à qui la nourrice l'avait confiée. On ne lui soutenait pas les reins en la portant. L'enfant se rejeta en arrière, et quelque chose se brisa ou se déplaça dans l'épine du dos. Elle en faillit mourir, et resta boiteuse et maladive.

« Je l'ai dit et je le redis. Il faut toujours à Bébé de l'air frais et pur ; c'est son plus grand, son principal besoin. Vous pouvez rendre l'enfant malade en tenant la chambre où il couche hermétiquement fermée, même pendant quelques heures.

« Vous pouvez *tuer* l'enfant, quand il est malade, en le tenant dans une pièce chaude où il y a plusieurs personnes, et dont les portes et les fenêtres sont fermées.

« Ce n'est pas moi qui parle ainsi, c'est un médecin célèbre et expérimenté.

« Le danger est grand surtout quand le mal s'attaque aux poumons, et qu'il y a difficulté à respirer.

« J'ai trouvé une fois un pauvre enfant mourant

dans une petite chambre bien fermée, où étaient réunies autour de lui quatre ou cinq personnes qui le regardaient mourir. Sa respiration était courte et précipitée. Il ne pouvait pas tousser ni rejeter ce qui embarrassait ses poumons et sa gorge ; le mucus (comme on l'appelle) le suffoquait. Un médecin habile et savant entra, laissa la porte ouverte, fit sortir tout le monde, sauf la nourrice, ouvrit ensuite la fenêtre, et resta deux heures, veillant à ce que l'air soit complétement renouvelé, la chambre rendue claire et fraîche. Il ne donna point de drogues à l'enfant, qui guérit en quelques heures par la seule influence de l'air pur et frais.

« Une autre fois, un enfant était à l'agonie. Celui-là était fort riche : il se trouvait couché dans une chambre somptueusement meublée et bien close. Le pauvre petit étouffait d'un mal de gorge. Un docteur célèbre appelé en toute hâte alla droit à la fenêtre et l'ouvrit toute grande.

« — Quand on ne peut respirer que très-peu d'air, dit-il, il faut que ce peu d'air soit pur.

« La mère se récria, dit qu'il allait tuer son enfant ! Mais le docteur persista et tout au contraire, l'enfant se rétablit.

« Mais par exemple, prenez garde que le petit n'attrape un coup d'air, surtout s'il est malade, et ne le placez jamais entre une porte et une fenêtre ; les portes sont faites pour être fermées, les fenêtres pour être ouvertes. Cette vérité est très-simple ; eh bien ! elle est rarement comprise des bonnes.

« Peut-être me direz-vous, en récapitulant tous mes conseils :

« Mais je ne sais pas en vérité ce que vous voulez

que je fasse. J'en ai l'esprit troublé. Vous me recommandez de ne pas trop nourrir le bébé et de ne pas le nourrir trop peu, d'ouvrir la chambre et d'éviter les courants d'air, de ne pas laisser le petit s'ennuyer et de ne pas l'amuser trop.

« Ce que je veux, chères petites sœurs du bébé qu'on vous donne à garder, honnêtes nourrices, et vous, jeunes filles qui vous destinez à être bonnes d'enfants, et qui avez à cœur de bien remplir vos devoirs, c'est que vous appreniez à *gouverner* Bébé. J'ai éprouvé moi-même toutes ces difficultés, et je ne prétends pas vous enseigner ici tout ce qu'il faut faire pour le bien-être de Bébé. Je veux seulement appeler votre attention sur quelques points importants ; le reste viendra tout seul si vous êtes soigneuses, attentives, surtout si vous aimez le petit.

« Mais revenons aux coups d'air, et à ce sujet ne croyez ni les vieilles gardes, ni les vieilles nourrices, qui disent qu'on ne peut donner de l'air frais à un enfant sans l'enrhumer. Croyez plutôt ce qui est vrai ; c'est qu'on peut l'enrhumer et le rendre gravement malade en l'exposant à un courant d'air quand il vient d'être lavé, par exemple, et en laissant refroidir son petit corps, ne fût-ce qu'un moment. Ce n'est pas lui donner de l'air que de le mettre dans le courant glacial d'une porte et d'une fenêtre. Mais en évitant ce danger soyez persuadée que plus vous donnerez d'air frais à ses poumons, plus vous donnerez d'eau à sa peau, moins il sera sujet aux rhumes et aux refroidissements, et si vous pouvez, sans refroidir l'enfant, lui faire respirer un air frais au dedans et au dehors, alors vous serez une excellente gouvernante.

« Souvent un enfant malade a la peau froide, même quand la chambre est très-chaude. Il faut alors aérer la pièce, mettre des flanelles chaudes ou des bouteilles d'eau chaude (pas trop chaude) aux pieds de l'enfant, auprès de son corps, et lui donner sa nourriture chaude. J'ai souvent vu des gardes faire précisément le contraire, c'est-à-dire tout fermer et entasser sur le petit malade une masse de couvertures qui le refroidissaient, d'autant plus qu'il n'avait pas de chaleur naturelle.

« Un médecin qui a une juste et grande renommée dit qu'un enfant meurt plus souvent d'accident que de maladie. Des soins mal entendus peuvent être mortels. Il dit que les causes déterminantes de morts subites chez les enfants malades sont : de grands bruits soudains, le refroidissement du corps, de brusques réveils, une nourriture donnée en trop grande quantité ou trop vite, les changements rapides de position, des secousses rudes, des ébranlements, des sursauts, enfin toutes choses auxquelles il faut ajouter, comme la pire de toutes ces influences encore, un air vicié, *surtout quand il dort, surtout la nuit,* ne le respirât-il que quelques heures et alors que vous-même ne le sentez pas et n'en souffrez pas ; c'est là ce qui tue le plus d'enfants.

« La respiration de ces petits êtres est si délicate, si facilement altérée! Quelquefois vous voyez un enfant malade respirer péniblement, avec effort ; ne le dérangez pas, ne le troublez pas dans cette importante fonction, sinon c'est fait de lui.

Rappelez-vous toujours que Bébé doit être tenu très-propre. Il a été un temps où d'ignorantes mères se vantaient de n'avoir jamais trempé les pieds de leurs enfants dans l'eau, ni lavé d'autre partie de leur corps que leur figure et leurs mains. La voisine avait lavé les pieds à son petit, et de ce moment le nourrisson avait dépéri.

« Nous sommes, Dieu merci ! plus éclairées aujourd'hui. Il n'y a pas si pauvre mère qui ne sache que le corps d'un enfant doit être tenu propre de la tête aux pieds ; qu'aucun pore de sa peau fine ne doit être fermé par la saleté ou par la transpiration; que le vrai moyen de rendre Bébé heureux et robuste est de le bien laver.

Cela donne de la peine, j'en conviens ; mais un enfant malade donne bien plus de peine encore, sans compter le chagrin qui l'accompagne !

« Le mieux est de baigner l'enfant une fois par jour, et de le laver chaque fois qu'il est mouillé; sa peau s'échauffe si aisément ! Il peut y avoir danger à ne laver que les pieds et les jambes d'un enfant ; il n'y en a jamais à lui laver tout le corps. Ses vêtements doivent être changés plus souvent que les vôtres, parce qu'il transpire davantage ; il ne doit jamais être serré, mais légèrement, largement et chaudement vêtu. S'il n'est pas suffisamment couvert, il se ressentira plus que vous des changements de température.

« Maintenant récapitulons et voyons si vous avez bien présent à l'esprit tout ce qu'il faut à Bébé ?

« 1° De l'air frais ; — 2° une chaleur égale, ni trop, ni trop peu; — 3° de la propreté pour son petit corps, ses vêtements, son lit, sa chambre et la maison; — 4° une nourriture saine et légère, régulièrement donnée ; — 5° éviter les secousses, les excitations, les tressaillements donnés à son petit corps, à ses faibles nerfs ; — 6° beaucoup de lumière, beaucoup de grand air, beaucoup de gaîté ; — 7° un petit lit bien tenu, bien aéré ; et l'ordre, l'attention qui président à tout.

« Je n'ajouterai qu'un mot. Il est aussi facile d'éteindre la vie d'un enfant que de souffler une bougie. Dix minutes de retard à lui donner sa nourriture, à renouveler un air vicié, font quelquefois toute la différence.

COMMENT NOS GRAND'MÈRES

ÉLEVAIENT LES ENFANTS.

J'ai trouvé curieux de mêler aux avis que je cherche à toutes les sources modernes un article qui a près d'un siècle d'existence ; il a été écrit par la comtesse de Genlis, cette femme intelligente et adroite que le duc d'Orléans avait choisie pour *gouverneur* des princes ses enfants.

MÉDECINE DOMESTIQUE DES ENFANTS

Le régime doit être appliqué aux enfants suivant qu'il convient à leur constitution, et nous allons en parler en général seulement. Pour eux peu de beurre dans les légumes et dans les sauces ; point de champignons, d'épiceries, de viande salée; point de jus, de pâtisserie, etc. Les enfants jusqu'à sept ans ne doivent manger que peu de viande, mais on doit leur donner d'excellent bouillon, en potage et dans les légumes. Ils doivent faire quatre repas par jour à quatre ou cinq heures de distance les uns des autres, ou un déjeuner, un bon dîner, un goûter, et un souper léger, ou deux déjeuners, un dîner et un souper, ce dernier toujours très-léger et les heures de ces repas doivent être invariablement réglées. Jusqu'à sept ans, les enfants ne doivent pas boire de vin pur. Et l'on peut être assuré que les enfants auraient une constitution plus saine, plus robuste, s'ils ne buvaient jamais de vin pur durant tout le temps de leur éducation.

Mais il faut avant tout bien étudier et bien connaître la constitution de l'enfant : s'il est maigre et bilieux, on doit le fortifier doucement sans l'échauffer, ne lui point donner de laitage, etc ; s'il est frais et sanguin, au contraire il faut lui faire suivre un régime toujours rafraîchissant, du laitage, etc.

Par exemple, il faut à tous les enfants du mouvement et de l'exercice, mais cela sans fatigue.

A chaque promenade on doit engager les enfants à sauter et à courir, et augmenter par gradation les courses et les sauts. Le grand art est d'accoutumer les enfants à la fatigue sans les fatiguer; c'est à-dire, de les amener peu à peu à faire sans lassitude des choses extraordinaires dans ce genre. Quand l'exercice fatigue, il énerve ; il n'est salutaire, il ne fortifie, que lorsqu'il est toujours proportionné aux forces. Il faut aussi insensiblement accoutumer les petits garçons à coucher sur la dure, et je connais des parents forts sages qui ne les font coucher que sur des sommiers de crin, et dans des lits sans rideaux.

N'apprendre rien aux enfants, c'est-à-dire attendre pour commencer à les instruire qu'ils aient atteint l'adolescence et à ne considérer ce système que même relativement à la santé des enfants, il ne vaut rien. Car, puisqu'il faut les instruire un jour, il est nécessaire, dès leur première enfance, de les accoutumer graduellement à l'application, afin que lorsqu'on exigera des études longues et suivies, l'élève n'en soit pas rebuté, et qu'il ne succombe pas à cette espèce de fatigue, s'il a le courage de vouloir la supporter.

Il est très-bon, pour épargner de la peine aux enfants, et pour mettre à profit tous leurs moments, de rendre autant qu'il est possible leurs récréations instructives : mais en les amusant même utilement, il faut, par les raisons qu'on vient de dire, leur faire prendre l'habitude de l'application sans atttrait, c'est-à-dire par un pur esprit de docilité, de devoir et de raison.

En même temps, il faut toujours proportionner ces premiers essais d'application à la faiblesse de l'enfance. Trois quarts d'heure d'études sérieuses, à trois reprises, trois leçons chacune d'un quart d'heure, avec de longs intervalles, suffisent depuis l'âge de quatre jusqu'à cinq[1] ; on ajoutera ensuite une leçon de plus. De six à sept, l'enfant ainsi conduit supportera sans fatigue trois leçons d'une demi-heure, ce qui fera une heure et demie par jour, puis quatre, et toujours ainsi par gradations ; mais dans aucun temps, durant sa première éducation, on ne le laissera assis et appliqué de suite plus d'une

[1] On aura commencé, dès qu'ils auront atteint l'âge de trois ans, à leur donner des petites leçons de quelques minutes réglées à leur portée.

heure ; on coupera les leçons plus longues, au bout d'une heure, par dix ou douze minutes de mouvement ; il marchera, descendra un escalier ; enfin il s'agitera, et reviendra ensuite reprendre sa leçon. On coupera aussi les leçons sérieuses par des exercices nécessaires que l'on saura placer dans ce dessein , la danse, et pour les garçons, les armes, etc. Avec ces soins bien réglés, bien dirigés, on obtiendra de la jeunesse une véritable application, une étude suivie et prodigieuse, et qui ne nuira jamais à sa santé.

On doit veiller le sommeil d'un enfant : quand il est agité, quand son appétit diminue, quand son visage change, quand ses sécrétions naturelles ne sont pas bien réglées, et deviennent ou trop rares, ou trop abondantes, car il peut être menacé d'une maladie que l'on peut toujours prévenir, quand on s'y prend à temps.

Lorsqu'un enfant n'a point de vices de constitution, il doit vivre, la nature le veut ; les sources et les germes de la vie sont en lui dans toute leur vigueur; l'intempérance, les veilles, les passions, n'ont pu les affaiblir encore, car je suppose qu'étant bien élevé, il ne sera ni colère, ni fantasque, et dans ce cas, un enfant ne meurt jamais que d'une maladie épidémique (malheur qu'on ne peut souvent empêcher), mais il n'a toute autre maladie que par la négligence ou par l'ignorance de ceux qui le soignent, car en dehors des maladies épidémiques les enfants n'ont des maladies, ou ne dépérissent que lorsqu'on n'a pas su observer les petits changements qui surviennent dans leur santé, ou lorsqu'on les a drogués mal à propos.

Aussitôt qu'on observe la plus légère altération dans la santé d'un enfant, il faut lui retrancher un peu de nourriture, surtout la viande, le dissiper, l'égayer, sans avoir l'air de le croire malade. S'il est constipé, on le fera déjeuner avec du miel, souper avec des pruneaux : on pourra même employer les lavements relâchants, etc. S'il a le dévoiement, on ne l'arrêtera point d'abord, seulement on retranchera de son régime non-seulement toute viande, mais aussi tout bouillon gras. On le nourrira avec du riz à l'eau, bien blanc, bien crevé, fait avec soin pour ne pas le dégoûter ; avec des soupes au lait d'amandes, quelques œufs frais du jour, de la compote de coings et de poires, etc. Au bout de deux jours, s'il n'y a point de redoublement ou d'accident on lui donnera pour boisson, à ses repas, de l'eau de riz légère, et à son déjeuner de la gelée de coing ou encore, un bon verre un peu fort de sirop de gomme dans lequel il trempera du pain. Son dévoiement bien passé, on lui fera prendre le matin à jeun un petit verre d'eau de rhubarbe, il en boira à dîner pendant quelques jours. Si l'appétit revient ainsi que l'état parfait de santé, on en restera là. Si la langue continuait à être chargée, on le purgerait bien doucement.

Lorsque, sans dévoiement, l'enfant mange moins et ne paraît pas être dans son état naturel, il faut le mettre au régime, et lui faire prendre pendant six ou sept jours, le matin à jeun, deux tasses d'infusion de chicorée sauvage ; on mettra entre ces deux boissons l'intervalle d'un bon quart d'heure, et l'on versera dans chaque tasse plusieurs gouttes de jus de citron. Cette boisson est d'un excellent usage pour les enfants et pour les adultes ; elle peut épargner beaucoup de purgations, qui, sans ce lavage, seraient souvent nécessaires. On peut l'employer aussi comme préparation à une médecine jugée indispensable.

En été, on donnera tous les jours aux enfants de bons fruits fondants, et surtout bien mûrs, à déjeuner seulement, et très-rarement des fruits crus à leurs autres repas. On ne leur donnera point de bigarreaux, mais des cerises et du raisin parfaitement mûrs, presqu'à discrétion le matin, les autres fruits fondants avec mesure. Dans le temps des fruits, on leur retranchera, non le bon bouillon, mais on diminuera la viande, durant le temps des fruits acides, comme les cerises et les groseilles ; on évitera de leur donner du laitage ; et dans tous les temps, on aura l'attention de soustraire, autant qu'il est possible, la graisse de leurs aliments ; que leur bouillon soit parfaitement dégraissé ; qu'on ne leur serve point de viande chargée de graisse; qu'ils ne mangent jamais de moelle, etc.; mais qu'on les accoutume à se contenter, en général, des mets les plus simples, tels que des pommes de terre cuites à l'eau, sans autre assaisonnement que du sel, ainsi que les asperges et les artichauts.

Si on leur donne des légumes à l'huile et au vinaigre, tels que des haricots blancs, des lentilles, des haricots verts, des choux cuits dans du bouillon, etc : tous ces aliments étant un peu lourds, on ne les leur donnera qu'à dîner seulement.

On doit préserver les enfants de toute humidité, surtout aux pieds; leur couvrir un peu la tête pendant la nuit durant l'hiver, la laisser nue pendant l'été, autant qu'il est possible, éviter de les faire transpirer avec excès, mais surtout éviter avec soin les transpirations arrêtées.

Pendant l'hiver, quand ils sortent et ils doivent sortir tous les jours ; quand il n'y a ni pluie ni brouillard épais, il faut leur bien couvrir les bras, la poitrine et l'estomac.

Une chose essentielle est de bien aérer leur chambre dans toutes les saisons ; que les fenêtres en soient ouvertes, pour peu que le temps le permette. Les enfants doivent aussi dormir tant qu'ils veulent, et se coucher de très-bonne heure, afin de se lever de grand matin, surtout en été, car rien ne leur est plus salutaire que de respirer l'air du matin.

Les enfants demandent des soins particuliers à l'approche et au commencement du printemps et de l'automne : c'est alors que les rougeoles, les fièvres scarlatines et d'autres maladies de la peau sont communément épidémiques ; et comme elles sont presque toujours inflammatoires, il faut rafraîchir les enfants. S'il y a épidémie, il faut changer d'air, quand on le peut ; sinon ne jamais conduire les enfants dans des lieux d'assemblées, ni même dans les églises ; redoubler de propreté, leur laver les mains et le visage plusieurs fois par jour, et leur mettre aussi les pieds dans l'eau le matin à jeun, mais seulement dix ou douze minutes.

Enfin dans les temps d'épidémie surtout, il faut bien s'assurer que les enfants n'aient point de vers, parce que les vers, joints à une maladie, peuvent causer des accidents mortels. Ainsi, on leur fera prendre une légère infusion de mousse de Corse, remède pour les vers un peu passé de mode, mais qui est excellent.

Enfin, il faut avec soin entretenir la gaîté chez les enfants ; le rire bien franc et bien naturel vaut mieux pour eux que tous les médicaments du monde.

Je terminerai ce chapitre par un conseil bien gothique, mais dont une longue expérience m'a prouvé la bonté : c'est de faire porter aux enfants des deux sexes, jusqu'à l'âge de neuf ou dix ans, des corps baleinés, longs de taille, très-larges de la poitrine, et fort légèrement baleinés par-devant, contenant le ventre sans le gêner ; baleinés plus fortement par-derrière vers le haut des épaules, afin de rétrécir doucement ce qu'on appelle par-derrière *la carrure*, et par conséquent d'ouvrir la poitrine.

Les corps baleinés comme on les portait jadis étaient à la fois défectueux et malsains ; ils serraient ridiculement le bas de la taille, comprimaient douloureusement le ventre, etc., cependant ils avaient l'avantage, en rétrécissant les épaules, de donner beaucoup plus de largeur à la poitrine, et de mettre les poumons plus à l'aise. J'ai eu entre les mains un enfant, fils et petit-fils de parents poitrinaires, et qui, à cinq ans, annonçait déjà, par la conformation étroite de sa poitrine, le germe de cette maladie : je lui fis porter sous ses gilets des corps baleinés, tels que je viens de les proposer ; je lui en donnais de neufs tous les trois mois, en rétrécissant imperceptiblement l'entre-deux des épaules ; je parvins ainsi à donner à sa poitrine une extrême largeur, et il n'a jamais eu la moindre atteinte du mal dont il avait certainement apporté le germe en naissant; ce qui m'a prouvé que ce mal est beaucoup plus dans la conformation que dans la disposition des humeurs.

On peut attacher aux corps baleinés des aiguillettes et des jarretières, qui dispenseraient les garçons de se servir de bretelles, et de jarretières en ligatures attachées au-dessus du genou, deux choses très-pernicieuses; l'enfant habillé ainsi, avec un gilet et un pantalon à la mode, n'aura pas l'air d'avoir un corps, aura beaucoup meilleure grâce que les enfants vêtus comme on les habille ordinairement, car ils ont tous le dos rond, et la poitrine étroite et renfoncée.

Les corps baleinés rendent les chutes des enfants beaucoup moins dangereuses; ils contribuent aussi à leur former des estomacs plus vigoureux, parce qu'avec cette cuirasse, quelque légère qu'elle soit, ils ne peuvent, ni en lisant ni en travaillant, se ployer en deux, chose si contraire à la digestion; enfin, leur taille, par la suite, est plus droite et plus régulière. Mais, je le répète, il faut que ces corps ne leur fassent pas éprouver la plus petite gêne.

MOYEN DE PRÉVENIR

LES CONVULSIONS CHEZ LES ENFANTS.

Guérir le mal est une excellente chose, mais le prévenir est mille fois préférable encore! aussi toute l'attention d'une mère doit-elle être mise en éveil pour y réussir.

Mais si elle veut atteindre ce but, il faut d'abord qu'elle connaisse les raisons du mal et quelle cherche à s'en rendre bien compte. C'est ce que nous allons faire au sujet des convulsions dont les enfants sont souvent victimes.

Il y a des individus qui, sous l'influence d'un chatouillement à la plante des pieds, sont instantanément pris de convulsions.

Pourquoi ne pas admettre alors que les convulsions des enfants, à l'époque de la première dentition, prennent leur source dans un chatouillement au sein des gencives? Qui se refusera à reconnaître que c'est par le développement, par la durée de cette démangeaison cruelle que l'excitation nerveuse est portée à son paroxysme ? Ne suffit-il pas, pour se convaincre que telle est bien la cause si longtemps cherchée des convulsions de dentition, d'observer avec quel acharnement les enfants qui y sont sujets portent leurs doigts à leur bouche, avec quelle fureur ils compriment les corps les plus durs entre leurs mâchoires, et quelle excitation, quelle agitation ils éprouvent ?

Les convulsions qui dépendent de la dentition sont, pour l'ordinaire, précédées de certains symptômes précurseurs. Voici ceux qu'on remarque le plus généralement :

Les enfants menacés d'une crise prochaine se livrent à de fréquents attouchements sur leurs gencives ; leurs yeux sont brillants, leur corps se roidit subitement ; ils étendent les bras en jetant le buste en arrière ; toute leur attitude décèle une violente agitation. A ce premier symptôme succède un profond accablement, puis les accidents précédents reparaissent et se reproduisent avec la même intensité.

Aussitôt qu'une mère reconnaît chez son enfant les premiers symptômes que nous venons de citer, il faut qu'elle donne au bébé tous les jours un bain dans lequel on a mis infuser du tilleul, qu'elle lui tienne le ventre bien libre et même un peu relâché, qu'elle ait soin de lui conserver les pieds chauds et la tête fraîche ; qu'elle évite de lui charger son petit estomac, un peu de diète même n'est point un mal. Si, malgré ces précautions, les joues devenaient très-rouges, il faudrait lui mettre des petits sinapismes aux cuisses ou aux mollets, puis lui frotter souvent la gencive avec un morceau de racine de guimauve bien épluché.

Avec tous ces soins on peut être tranquille, car les convulsions ne viendront pas, ou si elles venaient par hasard elles seraient très-faibles.

DES CONVULSIONS

(Par le Dr Delabarre fils.)

Les convulsions qui sont amenées par la dentition sont généralement, plus effrayantes que dangereuses et il existe divers moyens d'y remédier assez promptement. On me saura gré pourtant de consigner ici un procédé fort simple et purement mécanique, qui a constamment réussi pour faire cesser presque instantanément ce genre de convulsions.

Il consiste tout simplement à desserrer de force les dents du petit malade à l'aide des doigts, ou, mieux encore, au moyen de l'*ouvre-bouche* exécuté par M. Charrière d'après le plan que je lui ai fourni. On saisit la luette entre le pouce et l'index, et on lui fait subir une ou deux tractions. Cette opération provoque à l'instant même, chez le petit malade, un effort pour vomir, qui aboutit même quelquefois à une évacuation muqueuse. Aussitôt le spasme disparaît, le corps revient à son état normal, et le salut de l'enfant est assuré: pour compléter la cure, on le place aussitôt dans un bain tiède, et afin de prévenir de nouvelles attaques on s'oppose à l'excitation gencivale par l'emploi fréquemment répété des frictions sirupeuses.

Ajoutons que si les gencives étaient le siége d'un gonflement prononcé, ce serait le cas de pratiquer une incision cruciale sur les parties les plus tuméfiées, afin d'opérer un dégorgement salutaire.

Par la méthode bien simple que je viens d'indiquer, j'ai rendu plus d'une fois la vie à des enfants atteints de convulsions tellement violentes que l'asphyxie était inévitable.

Quand les convulsions sont légères, de courte durée, et que l'enfant reprend sa gaieté naturelle immédiatement après l'accès, la maladie est sans gravité; mais si les crises, au contraire, se prolongent et se multiplient, ou bien encore si la première débute avec une grande intensité, il faut en conclure que la vie du maladie court de très-sérieux dangers, et il faut appeler un médecin en toute hâte.

Le traitement des convulsions doit être, suivant la méthode ordinaire, divisé en régime préservatif et en régime curatif. Le premier est, selon moi, fort limité; il se borne à s'opposer à l'irruption et au développement du prurit de dentition. On y joindrait au besoin l'emploi des dérivatifs tels que de petits vésicatoires appliqués derrière les oreilles, des sinapismes légers posés aux extrémités inférieures, des lavements laxatifs ou des purgatifs bénins, des bains tièdes et quelques autres moyens anodins.

Le régime curatif consiste, aussitôt qu'un accès éclate, à tremper les pieds et les mains du malade dans de l'eau chauffée au degré le plus élevé qu'il pourra supporter ; après quoi on lui mettra des sinapismes aux jambes et on lui frappera fortement le visage avec un linge imbibé d'eau froide.

Si l'enfant est de forte complexion, on pourra appliquer une ou deux sangsues derrière les oreilles, puis lui administrer par petites doses une tisane mélangée d'eau de mélisse ou de fleur d'or anger. Mais on se gardera d'employer les sangsues lorsqu'on aura affaire à une organisation chez laquelle la faiblesse s'unit à la sensibilité nerveuse.

Les convulsions sont généralement annoncées par certains symptômes avant-coureurs. Mais cette observation, justifiée par l'expérience, se trouve cependant quelquefois contredite par certains cas exceptionnels, dans lesquels les convulsions ont éclaté spontanément et sans s'être fait prévoir par aucun des signes ordinaires. Il est donc prudent de se tenir en garde et de ne point attendre l'explosion du mal pour s'armer contre ses ravages. Le prurit de dentition est un signe de dentition difficile qui ne fait jamais défaut. Aussitôt qu'on aura signalé sa présence, on la combattra sans perdre de temps, puisqu'il est à n'en pas douter la cause première de tous les accidents de la dentition laborieuse.

AUTRE MANIÈRE DE SOIGNER

LES CONVULSIONS CHEZ LES ENFANTS.

Ce que nous devons recommander avant tout aux jeunes mères dont les enfants sont frappés de convulsions, c'est de conserver leur présence d'esprit et de ne pas perdre un temps précieux à appeler des voisins et des commères qui nuisent plus qu'ils ne peuvent servir. Qu'elles se mettent bien dans la tête que les convulsions prises sur-le-champ et traitées avec intelligence ne peuvent jamais avoir aucune suite fâcheuse.

Voici donc les premiers soins à apporter en attendant la venue du médecin, si on en veut voir un, ou pour s'en passer, si on est assez éloigné d'une ville pour en avoir difficilement.

Aussitôt que l'enfant est attaqué d'uneconvulsion, déshabillez-le et posez-le horizontalement, par terre, par exemple ; posez-lui *une* sangsue derrière le bas de chaque oreille, en façon de boucle d'oreille ; mais *une*, pas plus, parce que ce n'est pas pour détourner le sang qui est au cerveau, mais pour pratiquer une issue à celui qui pourrait s'y porter, que *cette* sangsue est mise. Mettez-lui des sinapismes aux jambes en façon de petites bottines, et frictionnez-lui bien le cœur et le creux de l'estomac avec de l'éther ; mais ne gênez en rien ses mouvements ; car voilà comment les gen maladroits estropient les enfants. Quand la convulsion est passée, mettez-le pendant une heure dans un bain d'eau tiède dans lequel vous aurez fait infuser deux ou trois poignées de fleurs de tilleul. Puis, quand il en sortira, vous le coucherez dans un lit bien chaud, la tête découverte. Pendant son bain, vous aurez soin de lui mettre des petites compresses d'eau fraîche sur le front. Quand il sera couché, vous lui ferez boire une infusion légère de tilleul et de fleurs d'oranger ; enfin, pendant deux ou trois jours, vous lui tiendrez le ventre très-libre, et vous le mettrez à une diète légère.

Vous pouvez avoir, Mesdames, une entière confiance dans ce traitement ; il m'a été indiqué, il y a trente ans, par M. Jadelot, qui jouissait alors d'une réputation européenne pour le traitement des enfants ; et comme j'ai eu le triste avantage d'en faire souvent l'expérience, je peux vous assurer que toujours il réussit.

Après avoir indiqué ce moyen, conseillé par un médecin célèbre, nous donnerons un de ces *remèdes de bonne femme*, qui souvent, *quoique* et peut-être *parce* qu'ils sont fort simples, ont un grand succès.

Lorsqu'un très-jeune enfant est pris de convulsions, il faut brûler sur un marbre froid un morceau de gros papier gris se rapprochant le plus possible de celui dont on enveloppait jadis la chandelle; en se consumant, le papier dépose sur le marbre une huile empyreumatique assez épaisse : c'est cette huile qu'il faut recueillir avec les doigts et dont il faut faire respirer l'odeur à l'enfant; peu à peu les convulsions se calment à mesure qu'on répète l'expérience. Il faut éviter de toucher le nez de l'enfant avec l'huile, car elle tache la peau et il faut un certain temps pour que ces taches, semblables à celles que fait le brou de la noix, disparaissent tout à fait.

HOCHETS D'ENFANTS.

Dans la plupart des villes d'Italie, où la grande chaleur du climat rend la pousse des dents très-douloureuse aux jeunes enfants et leur cause souvent des convulsions dangereuses, au lieu de leur donner des hochets d'argent, garnis de corail ou de cristaux, dont la dureté meurtrit les gencives, les rend calleuses et plus difficiles à percer, on leur prodigue des hochets de pâtisserie composés de la manière suivante :

Faites choisir de grosses racines de guimauve, nettoyez-les bien, coupez-les par petites rouelles, et les faites longtemps bouillir dans l'eau, jusqu'à ce qu'il en résulte un mucilage très-doux entre les doigts ; jetez l'eau, pilez vos guimauves cuites, et en exprimez tous les sucs au travers d'un torchon blanc que vous tordez fortement ; délayez dans ce mucilage deux jaunes d'œufs et 85 grammes d'eau de lis ; mélangez-y de la fleur de farine de blé autant qu'il en faudra pour en composer une pâte ferme et solide, à laquelle vous ajouterez 175 grammes de sucre en poudre ; maniez bien le tout et lorsque votre pâte aura acquis assez de consistance, formez-en des rouleaux de la grosseur du doigt, arrondis par les bouts ; adaptez-y autour des ornements et de petites branches garnies en manière de petits grelots, et laissez-les sécher un quart d'heure avant de les faire cuire.

Dorez-les, placez-les au four, et les y laissez à une chaleur modérée pendant 30 minutes ; sortez-les et faites-les refroidir en lieu sec.

Ces sortes de hochets sont d'autant plus salutaires aux enfants, qu'ils se ramollissent dans leur bouche, humectent et attendrissent leurs petites gencives, en ôtent l'inflammation, soulagent les douleurs et facilitent merveilleusement l'éruption de leurs dents ; ils ont encore l'agrément de leur apprendre à mâcher de bonne heure et à leur donner l'heureuse habitude de ne rien avaler de solide sans l'avoir auparavant humecté, broyé et écrasé entre les dents. Il est enfin à désirer que l'usage en soit adopté dans toutes les provinces de la France, et surtout dans les provinces méridionales, où la chaleur est presque aussi ardente que dans la plupart des pays de l'Italie.

DES VERS CHEZ LES ENFANTS.

Les vers causent chez les enfants beaucoup moins de ravages qu'on ne le croit généralement, et j'ai entendu dire à M. Jadelot, que je ne me lasse pas de citer, que beaucoup de mères imprudentes voulant tuer les uns, tuent les autres. En effet une foule de femmes sont tellement préoccupées du mal qu'ils peuvent occasionner à leurs enfants qu'elles leur font prendre les vermifuges sans aucune des indications qui peuvent seulement faire penser qu'ils ont des vers ; d'autres leur attribuent tous les maux qui attaquent l'enfance. Je ne puis donc assez dire que c'est une erreur grossière, un véritable préjugé, et que s'il y a folie à donner un vermifuge à un enfant bien portant, il y a témérité à le lui donner quand il n'y a pas de graves raisons de croire que ce sont les vers qui causent son état maladif.

Il arrive souvent qu'un enfant rend quelques vers. S'ils sont morts, il n'est nullement nécessaire d'aller attaquer un ennemi détruit, et il n'y a aucune raison de croire, si l'enfant se porte bien, qu'il ait d'autres vers.

S'ils sont vivants, par exemple, il est plus probable qu'il y en a d'autres; mais au lieu de lui donner tout de suite un vermifuge, il vaut beaucoup mieux lui faire prendre quelques bains, lui donner quelques lavements émollients, une nourriture douce et rafraîchissante, et, à moins de cas exceptionnels, les vers ne viennent pas en assez grand nombre dans les intestins d'un enfant pour le rendre malade, si cette partie du corps n'était pas déjà irritée.

En améliorant l'état de l'enfant on mettra promptement un terme à la vie et à la reproduction des vers. Si, au lieu de cela, on lui donne un vermifuge toujours purgatif et par conséquent irritant, on tue bien quelques vers, mais on aggrave la cause qui les a fait naître.

Donc, avant de donner un vermifuge à un enfant, il faut lui faire suivre le régime adoucissant que je viens d'indiquer, puis lui donner un peu de calomel en poudre dans de l'eau ou dans de la confiture, ou en petites dragées qui en contiennent chacune 5 centigrammes.

Deux à quatre dragées de calomel selon l'âge de l'enfant, prises à jeun le matin, deux ou trois jours de suite, détruiront les vers; si la première dose n'a pas déterminé plusieurs selles, une tasse à café d'infusion de mousse de Corse ou d'absinthe maritime, coupée avec du lait, prise pendant deux ou trois jours le matin, produira le même effet; deux tasses si l'enfant a passé six ans; enfin si, malgré ce traitement, l'enfant éprouvait encore les mêmes symptômes, il faudrait consulter un médecin.

PREMIERS SECOURS

A DONNER EN CAS DE CROUP.

(Conseils du Dr Massé.)

Tout d'abord, bonne mère qui me lisez, point d'effroi intempestif ; la peur vous ferait mal agir, la crainte amènerait des imprudences, le découragement paralyserait votre action.

Toutes les fois qu'une maladie se localise, c'est-à-dire toutes les fois qu'elle attaque spécialement un seul organe de la machine humaine, que cette maladie ait lieu chez les hommes faits ou chez les enfants, chez les femmes ou chez les vieillards, il est bon de l'attaquer par cette stratégie bien connue de tout le monde, qui consiste dans l'emploi d'un dérivatif.

Le croup est une inflammation locale et toute particulière de la gorge; et comme le croup tombe plus particulièrement sur les enfants, les dérivatifs auront sur lui l'effet le plus marqué, car l'enfant est éminemment impressionnable ; son organisation est d'une délicatesse particulière, et la circulation chez lui est très-active. Vite donc des dérivatifs !

Appliquez aux deux pieds de l'enfant des cataplasmes de farine de lin, non-seulement bien chauds, mais saupoudrés de farine de moutarde ; administrez un lavement légèrement purgatif, par exemple du lait, dans lequel on fera entrer deux ou trois cuillerées d'huile de ricin, ou bien une décoction de 4 grammes de follicules de séné mondé, décoction que l'on rend plus purgative encore en y faisant dissoudre une cuillerée de gros miel. L'effet produit sur les pieds par les cataplasmes sinapisés, l'effet produit sur la partie inférieure du tube digestif par les moyens que nous venons d'énoncer, produiront une dérivation efficace sur le travail inflammatoire de la gorge, inflammation que, dans la circonstance du croup, nous devons combattre et redouter.

J'aime les dérivatifs et je les recommande en première ligne, parce que, quel que soit le caractère du croup, ils seront toujours efficaces, et que je ne connais pas de circonstances où ils soient dangereux.

Donnez une infusion de fleurs de mauve légèrement sucrée. Donnez une infusion de fleurs de violettes. Donnez même, si l'enfant ne veut point autre chose, de l'eau chaude sucrée avec un sirop acidulé ; sirop de groseille, sirop de limon etc. Donnez enfin, si vous n'avez autre chose, de l'eau simple et légèrement sucrée, mais donnez, donnez en abondance.

Lavez cette pauvre gorge, délayez, pour ainsi dire, l'état inflammatoire. N'allez pas croire à ce préjugé qui prétend qu'une boisson délayante, donnée en trop grande abondance, étouffe le petit enfant et noie son estomac.

Enfin, je n'aime pas perdre les gens du monde dans le dédale de toutes les prescriptions dont sont ordinairement encombrés nos grands traités de médecine.

Mes deux moyens sont :

1° Pour le croup franchement inflammatoire, c'est-à-dire envahissant un enfant éminemment sanguin, une émission sanguine locale, les sangsues. Appliquez six, huit à dix sangsues, suivant l'âge du sujet, autour du cou, et dès qu'elles seront tombées, laissez saigner les piqûres dans un cataplasme de farine de graine de lin.

2° Pour l'enfant sanguin auquel les sangsues ont été appliquées, comme pour l'enfant lymphatique, le moyen par excellence est l'émétique.

Je ne saurais trop le recommander à toutes les mères, et j'applaudis à la prévoyance de quelques-unes d'entre elles, qui ne vont jamais à la campagne sans emporter plusieurs paquets contenant chacun 5 centigrammes d'émétique.

Voici maintenant dans les plus minutieux détails comment elles doivent employer ce médicament. Elles prendront un grand verre plein d'eau pure. Si l'enfant est très-jeune, elles ne mettront dissoudre dans le verre d'eau que 5 centigrammes d'émétique. Si l'enfant à six, sept ou huit ans, elles pourront faire dissoudre dans le même verre d'eau 10 centigrammes d'émétique, c'est-à-dire deux des paquets dont nous avons parlé.

Cette solution d'émétique sera administrée par

cuillerée à bouche. On en fera boire une cuillerée toutes les cinq minutes, jusqu'à ce que l'enfant vomisse bien franchement. On pourra, si l'on est assez heureux pour se faire obéir, aider les vomissements par un ou deux verres d'eau tiède, aussitôt que les premières nausées commenceront.

Ce n'est pas tout : après les vomissements terminés, après avoir laissé reposer le malade huit ou dix minutes, on continuera l'usage de la solution d'émétique ; seulement, au lieu d'en donner toutes les cinq minutes, on n'en donnera plus qu'une cuillerée toutes les dix à douze minutes, puis tous les quarts d'heure, puis toutes les demi-heures. Les doses que j'ai déterminées pour un verre d'eau, en me conformant à l'âge des enfants, peuvent être prises complétement sans entraîner le moindre danger. L'émétique, administré comme je viens de l'indiquer, enchaîne la marche de la maladie. Les vomissements qu'il détermine d'abord débarrassent forcément la gorge des concrétions dont j'ai parlé et des fausses membranes déjà naissantes. De plus, en entretenant des nausées, elles déterminent du côté de la gorge un petit travail spasmodique, une sorte de titillation qui entrave et retarde la formation des fausses membranes.

SAIGNEMENTS DE NEZ

ET HÉMORRHAGIE DENTAIRES CHEZ LES ENFANTS.

Les enfants, jusqu'à l'âge de la puberté, sont sujets aux hémorragies nasales. Cet écoulement de sang a lieu spontanément, surtout en été, et se manifeste de préférence chez les enfants d'une bonne constitution, d'un tempérament sanguin et qui se livrent au jeu avec ardeur. C'est une espèce de crise naturelle, ordinairement favorable à ceux qui en sont l'objet, et qu'il faut se garder d'entraver sans raison plausible ; la nature, qui l'a produite, suffit à la faire cesser.

Dans les cas ordinaires, et ce sont les plus communs, il n'y a donc rien à faire que d'attendre quelques instants. Mais, dans certaines circonstances, si l'écoulement sanguin était abondant et incessant et que l'enfant parût en souffrir, il ne faudrait pas hésiter à venir en aide à la nature.

Je me rappelle que ma grand'mère m'a mis plus d'une fois une grosse clef entre les deux épaules, et, si ma mémoire est fidèle, il me semble que cela réussissait assez bien. Mais, comme on n'a pas toujours une *grosse* clef dans sa poche, je conseille aux mères de famille qui sont en voyage ou à la campagne et quelquefois ainsi privées de secours médicaux, de recourir aux moyens que je vais indiquer, et qui manquent rarement de produire un bon résultat.

Il faut débarrasser l'enfant des liens qui pourraient lui serrer le cou, et le faire asseoir dans un lieu frais, s'il n'est point en nage, puis, on lui applique, sur le front et le nez, un mouchoir trempé dans de l'eau vinaigrée très-froide et même glacée si cela se peut. En même temps que l'on met du froid sur la tête, on peut reporter la chaleur aux pieds, à l'aide de bains de pieds à la moutarde ou de sinapismes aux mollets.

Un très-bon moyen d'arrêter l'épistaxis est de comprimer pendant quelque temps les ailes du nez avec le pouce et l'index d'une main. Cette pression intelligemment exercée favorise la formation d'un caillot qui arrête l'écoulement sanguin.

Enfin un excellent moyen est le perchlorure de fer (on devrait toujours en avoir chez soi) ; voici comment il faut s'en servir : on fait une petite boule de charpie ou de coton munie d'un bout de fil, afin de pouvoir ôter plus facilement cette boule quand il n'y en aura plus besoin, on imbibe cette boule de perchlorure de fer que l'on introduit dans les narines à l'aide d'une pince ou d'un autre petit instrument propre à la remplacer.

Puisque je suis sur le chapitre des pertes de sang, je vais indiquer un moyen très-simple et très-efficace pour arrêter une hémorragie alvéolaire : car, à l'occasion, ces conseils pourront rendre un vrai service.

Après l'extraction d'une dent, il y a un petit écoulement de sang qui toujours s'arrête de lui-même, mais pourtant (ce qui est rare) cet écoulement peut quelquefois se transformer en une véritable hémorragie que l'on ne sait comment arrêter et qui peut même devenir inquiétante.

Eh bien, voici ce qu'il faut faire.

On prend un petit morceau de cire jaune (cire à frotter les appartements) on la pétrit suffisamment pour la rendre molle, et, après avoir enlevé le sang avec un linge, on en remplit l'alvéole de manière à la boucher bien exactement. On applique le doigt sur le bouchon de cire pendant quelques minutes, et après s'être assuré que le sang n'a plus d'issue, on remplace le doigt par un petit morceau de bois ou de carton et on fait fermer la bouche.

La pression des dents maintient l'appareil, et tout danger a disparu. Au bout de quelques heures, on enlève le carton et on laisse simplement la cire.

Chez les jeunes enfants ou ceux qui sont indociles, on fera bien de mettre une mentonnière pour tenir la bouche fermée.

SOINS A PRENDRE

APRÈS LES CHUTES OU LES COUPS.

Une des raisons majeures pour lesquelles une mère prudente ne doit pas laisser son enfant entre les mains des domestiques, est la crainte des accidents graves qui peuvent résulter d'une chute ou d'un coup qui n'aura pas été soigné de suite avec intelligence.

Une bonne laissera tomber un enfant soit par maladresse, soit par inattention, soit encore par la faute du bébé lui-même, ou bien elle le verra tomber en jouant ou se frapper sous ses yeux, et il est bien rare qu'elle dise cet accident à la mère, à moins qu'une marque visible ne la contraigne à parler.

Elle pensera sottement : — Si je parle, Madame me grondera ; et la crainte de cette perspective lui fera complétement oublier les dangers que accident peut entraîner pour l'enfant, qu'elle aimera peut-être beaucoup, mais avec inintelligence.

De là une foule de maladies qui semblent tomber comme la foudre sur ces pauvres petits êtres et dont il eût été très-facile d'empêcher l'éclosion en attaquant le mal à sa naissance.

Ainsi beaucoup de fièvres cérébrales enlèvent des enfants, et la source de cette mort cruelle part d'un coup reçu à la tête.

Une autre fois, ce sera une taille tournée, l'épine dorsale tordue, les épaules déjetées, et cette infirmité affreuse aura pris sa source dans une chute sur les reins qui n'a pas été soignée à l'instant même, alors que le mal pouvait très-facilement se réparer à l'aide de quelques précautions.

De même pour de pauvres petits enfants qui boitent. Ce sont souvent des coups ou des chutes sur les genoux soignés qui sont les causes de cette infirmité.

Et ainsi d'une foule d'autres accidents dont on ne connaît pas les sources et dont on accuse le sort tandis qu'on est soi-même le vrai coupable.

Surveillez donc toujours vos enfants avec une attention constante, et, en cas d'accident, voilà les conseils que je crois pouvoir vous donner pour parer au mal.

D'abord chez vous, soit en ville, soit à la campagne, vous devez toujours avoir sous la main de la teinture d'arnica, de la farine de moutarde et de l'eau-de-vie camphrée.

En cas d'un coup ou d'une chute sur la tête, si l'endroit frappé ne saigne pas, ce qui est souvent plus dangereux que ne le serait une plaie, vous faites immédiatement boire à l'enfant un verre d'eau sucrée dans laquelle vous aurez mis quelques gouttes d'arnica, — de 6 à 10 gouttes, — plus ou moins selon l'âge ou la force de l'enfant. Vous mettez sur l'endroit frappé des compresses d'eau mélangée de cette même teinture d'arnica, — une cuillerée dans un verre d'eau fraîche, — puis, si la digestion de l'enfant était assez avancée pour que vous puissiez le faire sans danger, vous lui donnerez un bain de pieds de moutarde, vous chercherez ensuite à le faire marcher un peu, afin d'activer la circulation en l'éloignant de la tête ; vous lui tiendrez le ventre libre et vous lui ferez garder tout le jour une légère diète, en renouvelant de temps en temps la compresse que vous lui avez mise sur la tête. Mais si le lendemain il y avait de la fièvre, il faudrait lui mettre au plus vite des sinapismes aux jambes et faire appeler le médecin, tandis que si, au contraire, l'enfant était toujours dans le même état, il faudrait continuer le même traitement pendant deux ou trois jours.

Mais si l'accident a amené une plaie, il faut d'abord la bien laver avec de l'eau fraîche, et si elle est béante, faire appeler le médecin, non pour la gravité de la chose, mais pour qu'il réunisse les deux côtés de la plaie, afin que la cicatrice ne soit pas trop marquée ; petite opération que, du reste, vous pouvez très-bien faire vous même à l'aide de sparadrap que vous couperez en petites lanières et que vous collerez sur la plaie de droite à gauche après avoir eu le soin d'en bien rapprocher les deux côtés. Ces petites lanières doivent être posées de distance en distance afin de laisser un peu d'espace entre elles, de façon que si la plaie contenait un peu d'humeur elle put facilement s'écouler ; sans cela ce serait enfermer le loup dans la bergerie et c'est fort dangereux! — Quant au reste, il faut suivre pour l'enfant les mêmes soins que ceux ci-dessus indiqués : boire de l'eau avec de l'arnica, — compresse d'eau et d'arnica, bains de pieds, ventre libre et légère diète, car il faut surtout éviter de charger l'estomac de l'enfant dont la tête est accidentellement prise.

Les chutes sur le dos et sur les reins ont aussi beaucoup de gravité.

Si cet accident arrive à votre enfant, il faut le coucher aussitôt et lui bien frotter les reins et l'épine dorsale avec de l'eau de vie camphrée.

Vous le laisserez au lit au moins vingt-quatre heures, même s'il ne souffre pas, en ayant le soin de renouveler de temps en temps les mêmes frictions.

Et quand je dis au lit, ce n'est pas seulement pour qu'il soit couché mais c'est pour qu'il soit entièrement étendu ; ainsi vous ne le laisserez s'asseoir sur son séant sous aucun prétexte, même pour manger, il se mettra sur le ventre ainsi que pour jouer.

S'il ne souffre pas, au bout de vingt-quatre heures, vous pouvez le laisser libre ; mais s'il souffre il faut continuer ce traitement tant que la douleur n'aura pas complétement disparu. Si elle persiste malgré ces soins il faut faire appeler un médecin spécial pour ces sortes de maladies, car il peut y avoir quelque chose de dérangé dans la taille, ce qu'il sera facile de réparer pris sur le coup, mais ce qui plus tard deviendrait inguérissable.

Je donne les mêmes conseils pour les chutes ou

les coups sur les genoux, c'est-à-dire le lit et les frictions d'eau de vie camphrée, en y laissant même des compresses ; mais dans ce cas-là, le lit seul suffit et l'enfant peut y rester assis sur son séant, pour s'amuser tout à son aise! Pourtant s'il y avait enflure, au lieu de frictions il faudrait mettre des compresses d'eau fraîche avec une certaine quantité de teinture d'arnica, compresses qu'il faudrait renouveler très-souvent afin que la partie malade en soit toujours mouillée ; si, au bout de quelques jours de ces soins continus le mal ne cédait pas, il faudrait appeler le médecin pour qu'il s'assure s'il n'y a rien de dérangé.

Voici pour les accidents principaux: quant aux autres petits accidents du même genre qui surviennent presque journellement, l'arnica et les soins y pareront sans qu'aucun danger puisse s'ensuivre.

DE LA ROUGEOLE.

La rougeole est une maladie contagieuse et souvent épidémique qui frappe surtout les enfants. Il ne faut pas s'effrayer outre mesure, car si on prend contre elle de sérieuses précautions elle est très-rarement dangereuse.

Pourtant il serait sage d'appeler un médecin aussitôt que son enfant en est atteint; mais si on se trouve soit en voyage, soit dans des conditions où les visites d'un homme de l'art soit difficiles à obtenir, voilà quelques avis qn'il serait très-bon de suivre.

Dans les cinq premiers jours il faut donner pour toute boisson à son petit malade une légère infusion de bourrache et de tilleul, sucrée de miel, donnée àalternativement pour ne pas le dégoûter et à une bonne chaleur. S'il a mal à la gorge on le fera se gargariser avec du sirop de mûres dans un peu de sa tisane. Si la tête est prise et qu'il y ait du délire on mettra des sinapismes aux cuisses et aux jambes.

S'il y avait du mal de cœur on ferait prendre à l'enfant un peu de sirop d'ipécacuana. Quand il aura vomi ou si le sirop n'amène au bout d'une heure et demie aucun résultat, on lui donnerait à boire de l'eau tiède.

La diète est une sage précaution dans toute maladie; pourtant si la fièvre n'était pas forte on pourrait donner à l'enfant un peu de nourriture légère.

Si la toux venait dans la maladie, on la soignerait avec du sirop de gomme, de la tisane de fruits et quelques pastilles d'ipécacuana prises matin et soir.

S'il y avait de la constipation il faudrait rendre le corps libre à l'aide de quelques lavements à l'eau de graine de lin, puis on purgera légèrement le petit malade avec un peu d'huile de ricin, pendant la maladie et la convalescence.

Ce dernier état réclame les plus grandes précautions ; car, longtemps encore après que la maladie aura disparu, il faut faire suivre un régime sévère à son enfant et prendre des soins prolongés pour sa poitrine et ses yeux.

POUR DIMINUER LE FRONT DES ENFANTS.

Quand les enfants ont le front trop grand et qu'on veut rapprocher leurs cheveux, le meilleur moyen est de leur mettre aux racines des cheveux du front, tous les soirs, un peu de suif de chandelle, et pendant longtemps.

Le suc des filaments de la vigne fait croître les cheveux.

Quand les cheveux tombent, il faut les poudrer avec une poudre fine, dans laquelle on aura broyé du sel.

DE LA GYMNASTIQUE ET DE L'HYDROTHÉRAPIE.

Quelques mères évitent de faire faire de la gymnastique à leurs petites filles, en disant, (peut-être avec juste raison) que cet exercice forcé leur ôte la grâce, la modestie si charmantes chez les femmes pour leur donner quelque peu de l'allure des garçons.

Mais comme de deux maux il faut choisir le moindre et que l'éducation absurde que l'on donne aujourd'hui aux filles, l'abus de la toilette dès le plus jeune âge, les veillées qu'on leur permet à tous propos, les étiolent et compromettent leur santé, il faut bien chercher à lutter contre ce danger par un exercice violent à défaut de tout autre.

Je préférerais, je l'avoue, deux heures de promenade chaque jour et par tous les temps à la gymnastique qu'on adopte aujourd'hui; mais comme il y a bien peu de mères qui aient le courage de s'astreindre à un semblable régime, faites faire de la gymnastique même à vos filles, mais avec prudence et retenue.

Quant à vos garçons, qu'ils en fassent de très bonne heure et beaucoup, seulement surveillez avec grand soin les chutes ou les efforts qui pourraient en résulter.

La gymnastique donne au garçon un corps souple et adroit, ce qui peut lui servir en une foule d'occasions et dans beaucoup de carrières.

Quant à l'hydrothérapie, autrement dit les ablutions d'eau froide, il faut y habituer les enfants de bonne heure; ce régime les rend sains et vigoureux et conserve la beauté et la santé infiniment mieux que toutes les médecines et tous les cosmétiques.

MÉDICAMENTS QU'IL EST TOUJOURS UTILE A UNE MÈRE DE FAMILLE D'AVOIR SOUS LA MAIN.

1° *Sirop d'ipécacuanha*; que l'on administre par cuillerées à café toutes les cinq minutes jusqu'au vomissement que l'on facilitera en donnant de l'eau tiède. On l'emploie dans les angines et dans le croup; il n'y a nul inconvénient à s'en servir en attendant l'arrivée du médecin, si l'on avait des craintes plus sérieuses ;

2° *Manne*. Dose : de 20 à 30 grammes que l'on fait dissoudre dans du lait· C'est un purgatif très-doux et excellent pour les enfants ;

3° *Huile de ricin*. De 8 à 15 grammes pour un enfant. La meilleure manière de la faire prendre est de la mélanger à une tasse de bouillon dégraissé ;

4° *Fleurs de tilleuls, de mauves, de violettes*. Pour infusions. La valeur d'une pincée pour une tasse de tisane que l'on sucre avec du sirop de gomme ou de capillaire;

5° *Acide phénique* ou *Ammoniaque* pour cautériser les piqûres d'insectes ;

6° *Teinture d'arnica* qu'on mélange par parties égales avec de l'eau, pourcompresses contre les contusions ou les coupures ;

7° *Sparadrap* et *Taffetas d'Angleterre* dont il est inutile d'indiquer l'usage ;

8° *Poudre de lycopode* qui sert à poudrer les parties excoriées des cuisses et de l'abdomen ;

9° *Farine de lin* comme cataplasme et adoucissant ;

10° *Farine de moutarde* comme rubéfiant, c'est-à-dire pour amener une inflammation à l'extérieur ;

11° *Racine de guimauve*. Prise en décoction, peut être également très-utile comme laxatif ;

12° Quelques pastilles ou dragées de *santoline* comme vermifuges.

SECONDE PARTIE

ÉDUCATION MORALE

DES PREMIÈRES IMPRESSIONS DE L'ENFANCE.

« L'éducation commence avec la vie elle-même, » a dit un moraliste, et ce moraliste avait complétement raison, car il est évident que le sentiment du juste et de l'injuste se développe chez un bébé bien avant que ses impressions puissent se traduire par la parole, et qu'à mesure que son petit être matériel se forme et grandit, le même travail d'extension s'opère dans son intelligence et dans son cœur.

C'est pour imiter ceux qui l'entourent, qu'il s'efforce de se tenir debout et de marcher.

C'est encore par imitation, qu'il essaye de former les sons et qu'il parvient à parler.

Plus tard, il pourra penser et agir par lui-même; mais quand il entre dans la vie tout lui vient par les impressions extérieures.

Il observe, il étudie, et il s'empresse de reproduire dans sa petite personne ce qui l'aura le plus frappé dans autrui. Sa pensée, comme son corps lui-même, est donc une cire molle que l'on peut modeler à son gré, et de même qu'on lui apprend à se tenir droit, à manger avec une cuillère et non avec ses doigts, à placer ses pieds ou ses bras de telle ou telle façon, on peut aussi façonner sa jeune âme et la tourner aisément vers le mal ou vers le bien.

Plus tard, cela deviendra beaucoup moins facile, l'enfant aura ses petites volontés propres, ses petites idées arrêtées, et repoussera peut-être par insubordination l'influence maternelle, tandis que dès les premiers jours de sa vie il la recherche, la désire, et s'y abandonne aveuglément.

Une mère sage doit donc profiter de cette heureuse disposition du premier âge, c'est un champ inculte mais dont le fond est fertile, qu'elle y sème alors hardiment le germe de la vertu et en même temps du bon et du beau en toute chose, tout en prenant garde qu'aucune idée fausse et erronée ne germe dans cette jeune tête en même temps que le bon grain, car Dieu sait le mal qu'on aurait à l'extirper quand on s'apercevrait de sa présence.

Le *respect* et *l'obéissance*, voilà tout d'abord ce qu'il faut inculquer au bébé ; non à l'aide d'une sévérité dure qui froisserait son cœur, mais par la justesse de ses commandements et par la douce bienveillance de ses observations.

Quand une mère sait mettre son exemple d'accord avec ses leçons, sa tâche devient bien facile, mais hélas ! c'est trop souvent par les bonnes paroles seules que l'on prêche, et alors de ces bonnes paroles autant en emporte le vent !

Une éducation basée sur la crainte serait essentiellement vicieuse, car si on est trop sévère pour un enfant, il vous croit dure et méchante ; cette pensée refoule en lui les plus doux sentiments de son âme et donne naissance chez lui aux plus funestes défauts ; ainsi c'est elle qui trop souvent développe le mensonge et l'hypocrisie, ces deux plaies du cœur qui causent de si terribles ravages et préparent un cruel avenir à celui qui en est atteint !

Une mère doit se faire respecter par son caractère calme, égal, et par la fermeté douce qu'elle mettra dans tout ce qui regarde et atteint l'enfant. Imitateur attentif, celui-ci est tout prêt à se régler sur elle, et surtout à lâcher la bride à l'esprit d'indépendance et de révolte qui règne en lui.

Que ce sentiment bienfaisant et généreux du respect des parents ne soit donc jamais banni de l'éducation maternelle, et, quelque tendresse qu'une jeune mère ressente pour son enfant, qu'elle ne lui permette pas d'oublier la distance qui les sépare et le respect qu'il lui doit.

Un tort très-grand encore, dont se rendent coupables presque toutes les mères, est celui-ci : Si l'enfant lui résiste, au lieu de se renfermer dans sa dignité, elle appelle l'intervention paternelle à son aide ; de sorte que l'enfant se dit dans son petit jugement que la force physique est la seule chose que l'on doive redouter et par conséquent respecter ; il arrive donc que quand il devient grand ou se croit aussi fort que son père, il ne craint plus rien ni personne.

Pour comble d'imprudence, beaucoup de mères rient des petites tentatives de révolte de leur bébé : elles appellent cela de la gentillesse, de l'espièglerie ; l'esprit d'indépendance et d'opposition qu'elles rencontrent dans leur enfant leur semble drôle ; elles s'amusent de ces petits caprices, racontent gaiement à leurs amies, comme de glorieux indices de courage et d'énergie, ces révoltes dont elles devraient gémir si elles ne pouvaient pas les dompter, oubliant leur propre dignité qui est gravement blessée dans ces luttes lilliputiennes.

Mais il arrivera enfin le moment où, sortant de l'enfance, son élève s'émancipera complétement; alors combien ses rires imprudents seront payés par de douloureuses larmes, en voyant que non-seulement ses ordres n'ont plus la moindre influence sur cet enfant qu'elle chérit si tendrement toujours, mais que même ses prières et ses larmes ne produisent plus sur lui le moindre effet. Hélas! qui s'affranchit du doux joug maternel se rit bientôt de toutes choses, et où conduit toujours le mépris de ce bon sentiment, on ne le voit que trop et chaque jour.

Si c'est un jeune homme, il devient le jouet de l'orgueil, la victime de l'égoïsme; il se croit supérieur à tout, il méprise l'expérience sous quelque forme qu'elle se présente, celle de l'âge, celle de la science, celle du talent; il s'aime seul, sans partage, et n'estime que lui, c'est-à-dire qu'il n'estime rien. Quel pourra donc être alors le frein qui viendra l'aider à dompter les passions terribles qui l'attendent à son entrée dans la vie aussitôt qu'il sera homme ?

Mais ne croyez pas que pour les jeunes filles qui ne seront élevées ni dans l'obéissance, ni dans le respect, les conséquences seront moins fâcheuses que celles qui viennent d'être montrées au sujet des jeunes gens; car pour être moins ostensibles elles sont aussi réelles, tout en faisant la part de la retenue entraînée par la timidité naturelle à leur sexe; ainsi, si elles ne secouent pas le joug ouvertement, une mère qui n'a pas su conquérir leur respect n'aura ni leur estime ni leur confiance; elles ne se rendront peut-être pas bien compte de ce triste sentiment, mais il n'en existera pas moins au fond de leur cœur, ce qui sera une cruelle chose et pour la mère et pour la fille !

« Quand viendra la raison, mon enfant m'écoutera et se corrigera de ses *petits* défauts, » disent encore beaucoup de mères, sans vouloir se rendre compte non plus de deux vérités incontestables: c'est que, dans un enfant, nul défaut ne saurait être petit, puisque c'est le grain de blé qui germe; la raison ne déracine rien, mais cultive seulement le terrain bien préparé par une première éducation sage; tandis que pour l'enfant mal élevé, ce que vous appelez la raison, et qui n'est autre que la connaissance du bien et du mal, ne fait qu'augmenter et développer ses dangereux défauts qui finissent par jeter de profondes racines en son cœur.

Infatué de lui-même, alors, notre petit tyran domestique ne tardera pas à se croire supérieur à tout ce qui l'entoure. Tant qu'une sorte d'instinct lui révélait son impuissance à se conduire et à se diriger, il avait eu quelques moments de soumission; mais aujourd'hui que son orgueilleuse raison lui souffle la confiance en lui-même, il prétend non-seulement voler de ses propres ailes, mais encore tout soumettre à sa loi; car, retenez bien cette vérité: un enfant qui ne sait pas obéir veut toujours commander.

Une semblable éducation livrera donc sans défense en présence de l'avenir que la vie fait ouvrir devant lui, cet enfant tant et néanmoins si mal aimé : et qu'en résultera-t-il ?

Si cet enfant est un fils, on n'aura fait qu'augmenter les dangers qui l'attendent, et on lui préparera des luttes incessantes et de dangereuses blessures.

Mais si cet enfant est une fille, le mal sera bien plus grand encore ! car toute la vie des femmes peut se résumer dans ce mot : soumission. Et comment, si cette jeune fille est habituée à imposer toujours ses volontés à sa mère et à ne se contraindre en rien, fera-t-elle à un mari les concessions nécessaires pour assurer son bonheur domestique ?

Une mère a véritablement charge d'âmes, et elle est responsable du bonheur et du malheur à venir de ses enfants ; voilà ce qu'il faut se dire dès la venue en ce monde de ces chers bébés dont on est si fière ; et tout en adorant ces petites joues rosées, ces lèvres vermeilles et ces cheveux plus blonds que les épis mûrs, on doit cuirasser son propre cœur contre la faiblesse, et se dire :

— Il sera heureux ce chérubin béni que Dieu m'envoie, car je me sacrifierai toujours pour développer son cœur, pour élever son âme ; en un mot, je ne l'aimerai jamais que pour lui et non pour moi, ce qui est le plus grand de tous les amours.

DE LA PREMIÈRE ÉDUCATION DE L'ENFANCE.

Il est très-important que les enfants, même très-jeunes, ne soient jamais témoins de scènes de colère ou d'aucune autre mauvaise passion. Avant toutes choses, il faut donc que les personnes qui sont chargées d'un enfant gardent la paix de l'esprit et la pureté de l'âme. Un petit enfant sera chagrin et se mettra à pleurer à la vue d'un visage exprimant la douleur ; il ne se rendra probablement pas compte de ce que cette expression signifie, mais il *sentira* qu'il y a là quelque chose de triste.

La première éducation est celle des sens ; nous recommandons de s'y prendre avec la plus grande douceur et une invincible persévérance ; il faut aussi garantir les jeunes organes dans leur faiblesse et les préserver de tout choc violent. Par exemple, le berceau devra être placé de manière que l'enfant ait la figure dans l'ombre ; une lumière trop vive est dangereuse pour les organes délicats de la vue ; et si le jour venait d'un seul côté, l'enfant pourrait avoir les yeux attirés vers lui, et cela le disposerait à loucher.

Quand on a de petits enfants à soigner, il est important de choisir pour eux des jouets qui soient à la fois amusants et inoffensifs. Pendant la pénible période de la dentition, il est bon de leur donner un anneau de caoutchouc, dont l'élasticité favorisera l'envie qu'ils ont de serrer quelque chose entre leurs gencives douloureuses.

On attachera cet anneau à un ruban blanc, les rubans de couleur, et surtout de couleur verte, pouvant être dangereux si l'enfant les portait à sa bouche.

Tous les jouets peints doivent également être écartés à cet âge, où le bébé ne sait encore faire autre chose que mettre dans sa bouche tout ce qu'il peut saisir. Un hochet d'ivoire ou un trousseau de clefs sont les amusements favoris des bébés, et vraiment tout ce qui peut remuer ou produire du bruit leur fait plaisir aussi. J'ai vu de petits enfants s'amuser pendant des heures entières avec un collier de grosses perles de bois ou de boutons brillants. Les perles ou boutons qu'on enfilera pour leur en faire des jouets seront en bois, en ivoire ou en nacre ; il faut se garder de ceux en verre, en cuivre et de toute matière où le cuivre entre pour quelque parcelle.

Quand l'enfant est un peu plus âgé, des morceaux de bois taillés en carrés longs, qu'ils peuvent amonceler les uns sur les autres et puis renverser, deviennent une source d'amusement. Ces simples jouets procurent souvent plus de plaisir aux enfants que les mécaniques riches et compliquées qu'on achète pour eux à grands frais.

Aussitôt qu'il est possible de mêler un peu d'instruction aux jeux, il faut s'empresser de le faire. Les lettres de l'alphabet gravées sur des morceaux de bois ou d'ivoire remplissent parfaitement ce dessein. J'ai connu un enfant de six ans qui avait appris à son petit frère à lire couramment, rien qu'en jouant avec ces lettres d'ivoire. Cependant, en tout ce qui concerne le développement de l'intelligence, il ne faut pas presser les jeunes enfants ni forcer leur attention. S'ils sont à jouer avec leurs lettres et que vous ayez le loisir de vous occuper d'eux, prenez la peine de leur nommer les lettres aussi souvent qu'ils vous le demanderont, mais n'insistez pas pour qu'ils apprennent ce qu'elles signifient. Qu'importe qu'ils soient une semaine de plus ou de moins pour connaître le nom d'une lettre ! ils ont tout le temps de savoir.

N'essayez pas non plus d'apprendre à l'enfant un nouveau mot avant qu'il connaisse parfaitement le premier, et ne forcez pas son attention sur ses lettres lorsqu'il est fatigué, ennuyé, endormi, ou impatient de faire quelque autre chose.

Parmi les joujoux instructifs, on peut classer les balles arrangées de manière à pouvoir être comptées.

Chaque progrès de l'enfant doit être encouragé par une expression de plaisir. Quand un enfant a épelé un nouveau mot, ou compté un nombre de plus, embrassez-le et témoignez-lui que vous êtes contente de lui.

Benjamin West, le célèbre peintre anglais, raconte que sa mère l'embrassa tendrement lorsqu'il lui montra le portrait de sa petite sœur, qu'il avait dessiné. — « Ce baiser fit de moi un peintre, » dit-il.

Pour des enfants de deux ou trois ans, les images offrent à la fois du plaisir et de l'instruction. Tous les enfants ont la passion des images ; mais il faut savoir les choisir. Ainsi, les gravures représentant des animaux sont fort bonnes, mais elles doivent avoir de la proportion ; si bébé voit sur une image un tout petit éléphant et une souris quatre fois plus grosse, il s'imaginera que la souris est un animal plus grand que l'éléphant, et il faut éviter de donner des idées fausses aux enfants, n'importe sur quoi.

Les jouets que les enfants font eux-mêmes les amusent beaucoup plus que ceux qu'on leur achète. Une petite fille aimera mieux la poupée qu'elle aura fabriquée avec des chiffons et habillée elle-même, que la belle dame roide et parée qui sortira de la boutique de jouets. Un petit garçon qui, après bien des efforts, aura réussi à faire rouler sa petite voiture de carton, en sera plus fier et plus heureux que du joli carrosse doré qu'on lui aura acheté fort cher.

Il y a une satisfaction particulière et très-réelle à inventer quelque chose soi-même. Qu'importe que la construction soit informe et mauvaise ! L'attention aura été occupée et le temps employé, et ce sont deux grands points à considérer dans l'éducation des enfants.

Quand un enfant est assez âgé pour qu'on puisse lui confier des ciseaux, c'est un passe-temps très-agréable pour lui que de découper des images. Je conseillerai cependant toujours de ne lui mettre entre entre les mains que des ciseaux à pointes émoussées ou arrondies.

Une ardoise et un crayon amusent aussi beaucoup les enfants. Tout en leur laissant liberté entière de suivre tout ce que leur imagination leur suggérera en fait de bonshommes et de maisons penchées, il est bon de leur faire remarquer quelquefois un manque de proportion ou d'aplomb par trop manifeste, et de leur donner ainsi les premières notions du dessin.

Il est très-important, mais souvent très-difficile, de fournir à l'emploi du temps pour les jeunes enfants. Ce que nous appelons chez eux l'amour de la destruction n'est en réalité que de l'activité sans emploi. Les enfants ont besoin de s'occuper ; il leur faut quelque chose à faire. Donc, si vous ne leur fournissez pas une occupation innocente et utile, ils s'en créeront de nuisibles.

Il faut avoir vécu dans une nombreuse famille pour se faire une idée juste de la difficulté d'occuper des enfants de cinq ou six ans.

Pour les petites filles, on peut leur apprendre de bonne heure à tricoter, à faire du crochet, à enfiler des perles. Les petits morceaux d'étoffe, coupés d'une manière uniforme et réunis par une couture pour en former des courtes-pointes de berceau ou de petits tapis, deviennent un tranquille passe-temps, car si les petites filles n'aiment pas à voir un long bout de couture ou d'ourlet devant elles, les petits carrés de cinq centimètres ne leur font pas peur, et le choix et la combinaison de leurs couleurs les amusent aussi.

Mais ne permettez pas que ces petits travaux soient faits avec inattention et sans soins. C'est dans les petites choses que les habitudes de désordre et de négligence se contractent. Exigez aussi que l'on finisse ce qui a été commencé.

Rien n'est plus contraire aux saines notions d'ordre et d'économie que l'habitude d'avoir une quantité d'ouvrages commencés à la fois. Il faut faire comprendre à la petite fille qu'il y a de la honte à laisser quelque ouvrage inachevé pour en commencer un autre. L'habitude de la persévérance est d'une incalculable importance et ne saurait être prise de trop bonne heure ; une mère doit donc la provoquer par tous les moyens possibles.

Les plus petites circonstances peuvent être mises à profit pour enseigner la patience aux enfants. Ainsi, faites voir au petit garçon qui se dépite de ne pouvoir défaire un nœud pour sa toupie, qu'il est humiliant pour lui de ne pas venir à bout, par son impatience et son découragement, d'une chose à laquelle il arriverait bien certainement à l'aide de la persévérance et de la patience.

DES DEVOIRS D'UNE MÈRE.

Le premier devoir d'une mère est de s'occuper *elle-même* de son enfant, pour le surveiller depuis le moment où il se réveille jusqu'au moment où il s'endort.

Hélas ! combien de femmes si tendres pour leurs enfants, si passionnées même dans leur affection, qui manquent à ce devoir essentiel ! Il est si facile d'aimer en protestations, en belles paroles... mais aimer avec un dévouement de tous les instants, une gêne constante ; aimer en s'imposant la tâche continuelle d'une surveillance constante, bien peu d'entre elles en sont capables ; et cependant c'est là, je le répète, le premier devoir d'une bonne mère.

On prodigue en général à son enfant tous les soins physiques avec zèle ; ainsi, on veille à ce qu'il soit bien lavé, bien peigné, bien habillé surtout ! Au plus léger bobo dont il se plaint, on appelle le médecin en toute hâte ; sa beauté et sa santé sont les préoccupations constantes de sa mère ; mais son cœur... mais son âme... y songe-t-elle jamais?...

Et pour commencer par la première de toutes les choses qui doivent être apprises à un enfant, par la prière... combien peu de mères se chargent ellesmêmes de ce pieux devoir !

L'enfant se réveille trop tôt, madame est encore endormie ; puis il se couche trop tôt aussi, c'est le moment où l'on est encore à table ; il est donc livré pour cela aux soins de sa bonne ou de sa nourrice, qui remplit très-légèrement cette tâche, et même qui l'oublie trop souvent, et la mère se prive ainsi nonseulement d'un grand bonheur, celui de prier avec son enfant, mais encore d'une source de grâces, car le bon Dieu pourrait-il être sourd à l'union qui sortirait de ces âmes pour s'élever vers lui.

Quand on laisse ses enfants entre les mains des domestiques, il y a pourtant encore mille autres dangers ! Ainsi ceux-ci leur inculquent les défauts qu'ils possèdent ; ils les rendent généralement menteurs, hypocrites, envieux, non-seulement par leur exemple, mais encore par leurs paroles :

Qu'il arrive un petit accident, soit à leur personne, soit à leur toilette :

« Tu ne diras pas cela à ta maman... » est la première chose qui leur est recommandée.

Voilà donc le premier germe de la dissimulation jeté dans leur jeune âme.

Un autre jour, si l'enfant est conduit par sa bonne à une petite collation donnée par un de ses jeunes amis, et qu'il mange trop par défaut de surveillance :

« Tu diras à ta maman que tu n'as mangé qu'un gâteau... » lui recommande-t-on encore.

Voici maintenant le germe du mensonge qu'on sème en lui.

Que de nombreux enfants soient réunis à la promenade, la bonne dira à l'enfant qu'elle soigne, et cela sans méchanceté aucune :

— Regarde donc la belle robe de cette petite fille, ou le beau joujou de ce petit garçon, c'est parce qu'il a été plus sage que toi qu'on le leur a donné...

Et de ces imprudentes paroles, ce n'est pas le désir d'être sage qui naît dans le cœur de l'enfant, c'est l'envie contre ceux qui possèdent ce qu'il n'a pas et dont on vient maladroitement de lui faire remarquer la beauté, à laquelle sans doute il n'eût pas pris garde.

Cette fatale habitude qu'ont les jeunes mères de laisser ainsi leurs enfants entre les mains de leurs bonnes empêche aussi leur surveillance active sur tous les autres enfants avec lesquels ils se réunissent pour jouer. Et sait-on alors comment sont élevés ces enfants ? si leurs parents sont honnêtes ? enfin ce qui se passe et ce qui se dit entre ces petits êtres, vrais singes et vrais perroquets, qui n'attachent aucune importance à ce qu'ils font et à ce qu'ils répètent ; pendant que leurs bonnes, réunies, causent entre elles, trop souvent pour dire du mal de leurs maîtres, un poison dangereux se glisse peut-être dans les jeunes âmes de ces pauvres petits enfants dont on ne surveille souvent que le corps.

O mères ! mères ! que votre imprudence est grande ! vous qui savez que la pureté est si délicate et si facile à ternir ; que la plus légère atteinte sur elle, même dans la première enfance, est presque irréparable ; comment n'êtes-vous pas plus soigneuses de préserver vos enfants de tout ce qui peut l'attaquer ?

Et croyez-vous aussi que pour les soins physiques, une bonne, une nourrice, fût-elle même la plus tendre, peut remplacer une mère?... oh non ! mille fois non.

Rappelez-vous toujours que le bon Dieu n'a pas créé les femmes pour les plaisirs, mais pour les devoirs, en leur donnant la mission d'être mères de famille, c'est-à-dire les anges gardiens et consolateurs du foyer domestique.

Ayez souvent à la mémoire cette belle parabole de la femme forte de l'Évangile. Elle n'est occupée que de sa famille, son unique pensée est pour son mari, pour ses enfants, pour ses serviteurs, et par sa surveillance constante elle fait la richesse de toute sa maison.

Occupez-vous donc de vos enfants, heureuses femmes à qui sont accordés ces petits êtres chéris ; non en vous rendant esclaves et en sacrifiant vos devoirs de société, choses qui pourraient déplaire à votre mari, mais en ayant toujours l'œil sur eux. Le matin, prenez l'habitude de vous lever de bonne heure pour avoir leurs premiers regards et leurs premiers baisers ; quand ils sortent avec leur bonne, allez les rejoindre souvent, pour voir les enfants avec qui ils jouent; appliquez-vous à ce qu'ils fassent encore leur prière du soir sous vos yeux, en allant un instant près d'eux quand viendra le moment de les coucher.

Enfin, semez avec soin la bonne graine dans ces jeunes âmes en vous montrant à vos enfants comme une seconde Providence, et un jour vous serez heureuses et fières de ce que vous récolterez.

LE DROIT CHEMIN

DANS L'ÉDUCATION D'UN ENFANT.

Dès que votre bébé commence à vous sourire, c'est-à-dire à vous comprendre, il faut non-seulement l'étudier pour chercher à connaître quels sont les indices de caractère qu'il peut montrer, mais encore vous bien étudier vous-même et vous tracer une route dont rien ne vous fera dévier.

Et, prenez-y garde, cette première éducation d'un bébé est bien plus difficile à suivre que celle d'un enfant proprement dit, c'est-à-dire celle d'un petit personnage comptant la vie par quelques années, et cela parce que l'on cède bien plus facilement au bébé ; il est si mignon, si gentil! puis on met ses malices sur le compte de la dentition. Il y aurait donc cruauté à faire souffrir doublement un enfant *si petit*, se dit-on ; et la suite de ce beau raisonnement est que l'on pardonne des caprices qui plus tard se quintupleront et rendront votre petit tyran insupportable, non-seulement aux autres mais, encore à vous-même.

Puis, votre calcul est faux; car pour ne pas faire souffrir un moment votre bébé, alors où le frein ne serait pas une souffrance mais une simple contrariété, vous vous exposez à souffrir cruellement un jour quand il vous faudra le corriger enfin puisqu'il vous sera impossible de céder toujours et sur tout.

Commencez alors par où vous devez finir et vous vous éviterez beaucoup de peine et à l'enfant beaucoup de larmes.

Mais, par exemple, pour bien élever votre bébé, il faut beaucoup vous observer vous-même et ne jamais tomber dans l'écueil que je vais vous montrer.

Une mère est de mauvaise humeur un jour : elle est souffrante, le temps est sombre, elle a des ennuis intérieurs, enfin elle caresse *les diables bleus* comme disent les Anglais, et ce jour-là elle est d'une sévérité inouie : bébé est grondé s'il joue ; on lui impose silence, s'il rit ; on lui ordonne de se tenir tranquille s'il remue ; tout ce qu'il demande lui est refusé, en un mot. On le tient avec une rigidité qui l'étonne et lui donne à penser, car bébé pense beaucoup plus qu'on ne croit.

Le lendemain le temps est beau, les nerfs sont calmés, les ennuis sont envolés, enfin on est de bonne humeur : non-seulement l'on permet tout à bébé, mais on se met de la partie du tapage ; on joue avec lui, on rit avec lui, on court avec lui; enfin ce qui était défendu la veille est non-seulement permis mais même encouragé ce qui conduit l'enfant en dehors de toute logique et amère à fausser son petit jugement, qui tout d'abord est naturellement fort droit.

Quand bébé vous demande une permission ou veut quelque chose, s'il est possible de le lui accorder ou de le lui donner, faites le de suite ; mais si vous avez refusé une fois, quand même ce serait par suite d'un caprice, ne revenez jamais sur ce non une fois prononcé.

L'enfant insistera, vous tourmentera, criera, pleurera, cherchera enfin à lasser votre patience par tous les moyens qui sont en son pouvoir. Si vous avez résisté une première et une seconde fois, le pli sera pris et l'enfant dompté ; mais si vous avez le malheur de céder une fois à ses importunités, vous êtes perdue, et si vous ne cédez pas toujours ; il vous faudra soutenir un véritable combat le jour où vous voudrez maintenir votre pouvoir.

D'instinct, bébé vous connaît mieux que vous ne le connaissez encore, il sait votre côté faible et il vous prendra toujours par là, surtout s'il a reconnu que vous êtes capricieuse et facile à céder ; plus vous vous ferez souple et douce, plus il se fera despote et méchant, tandis que la fermeté lui en impose toujours.

Par fermeté, j'entends cette fermeté froide et austère, si je peux m'exprimer ainsi, qui est la traduction de la raison.

Ainsi bébé vous demande, ou essaie de faire une chose que vous ne pouvez pas lui donner ni lui permettre. Vous refusez ou vous l'empêchez aussitôt. Eh bien, c'est cela qu'il faut faire avec sangfroid, c'est-à-dire en accompagnant son refus d'une explication qui en apprenne à l'enfant la raison et la cause ; ensuite qu'il crie, pleure et tempête, vous avez le droit et vous devez le maintenir, de ne dévier en rien de votre route, c'est-à-dire de ne jamais revenir sur ce refus.

Tandis que si vous faites ce refus avec colère ou avec humeur, si vous dites enfin un non tout seul et bien sec, bébé pensera que c'est un caprice et reviendra plusieurs fois à la charge dans les instants qu'il croira opportuns; de là une lutte fort ennuyeuse pour vous et qui se termine rarement à votre avantage.

De très-bonne heure l'esprit d'opposition se dénote chez un bébé, et il y joint une persistance dont peu de grandes personnes sont capables !

Voilà ce que vous devez vous dire afin de chercher à dompter l'une et à mettre l'autre sur une voie qui conduit au bien, non au mal.

Un enfant n'est point un jouet, c'est une âme qui s'ouvre à la vie, un petit esprit dont les instincts sont mauvais et qu'il faut cultiver avec soin si on ne veut pas y laisser pousser l'ivraie à la place du bon grain, ainsi que nous le dit l'Évangile.

Tracez-vous donc bien votre route dès la venue au monde de bébé et n'en déviez jamais, si vous voulez faire une éducation sérieuse et propre à porter de bons fruits. D'autant que dès la première enfance attacher le frein n'est rien, et l'enfant est une cire molle qu'on peut pétrir à sa guise ; seulement, il ne faut point avoir peur d'appuyer un peu le doigt sur cette cire que vous voulez travailler, sans cela vous ne ferez rien qui vaille, et quand elle sera devenue dure vous la briserez plutôt que de la faire céder.

Enfin une femme, qui est la première institutrice quand Dieu lui accorde un enfant, (c'est-à-dire quand il lui donne charge d'âme), doit s'étudier et se corriger pour prêcher autant par l'exemple que par les paroles. Rien n'est observateur et imitateur comme un enfant; et l'on aura beau dire et beau faire, si les actions ne concordent pas avec les paroles, toute sa belle morale sera perdue.

DE LA FAIBLESSE DES MÈRES.

Malheureusement hélas ! presque toutes les mères sont faibles et cette faiblesse entraîne toujours les plus graves conséquences avec elle. C'est donc contre ce penchant naturel que nous les engageons très-fortement à résister, quoique leur cœur doive en souffrir.

Beaucoup de femmes ont des chagrins intérieurs, nous ne le savons que trop ! C'est une douleur d'autant plus vive qu'elle est plus cachée aux yeux de tous, et les infortunées reportent toutes leurs espérances sur l'enfant que Dieu leur envoie dans sa bonté protectrice.

Alors trouvant dans l'accomplissement de leurs devoirs de mère l'unique consolation permise à leurs regrets d'épouse, elles se dévouent corps et âme au bébé adoré qui, en vérité, embellit leur existence.

Il y a dans le cœur des femmes une sève naturelle qui se communique à toutes leurs aspirations et les pousse aisément à l'extrême.

Jeunes filles, elles rêvent dans celui auquel elles

doivent s'unir un jour des mérites impossibles à réaliser.

Jeunes mères, elles dotent à l'avance leurs enfants de toutes les perfections que les vieux contes accordaient aux filleuls des fées ! il doit être beau, il doit être bon, il doit être grand un jour ; il doit être parfait en un mot, et elles décident que leur fille, si c'en est une, deviendra la femme la plus accomplie qui pourra se rencontrer ici-bas ou que leur fils, si c'est un fils qui leur est échu en partage, prendra rang parmi les hommes d'élite qui parsèment de loin en loin la foule comme les étoiles constellent les cieux.

Mais au lieu de se dire très-sérieusement : tous ces mérites que je rêve pour mes enfants, c'est à moi d'en déposer le germe en leur âme et d'en planter les jalons sur la route de leur vie par une éducation ferme et un peu sévère au besoin ; la mère se laisse entraîner par son amour, elle fait de cet enfant prédestiné le but de toutes ses pensées, de toutes ses actions, et elle veut jouer près de lui le rôle de la Providence sans penser qu'elle en sera hélas ! payée comme l'est toujours la Providence, par l'inattention et l'oubli.

Si vous ôtez à votre enfant tous les petits embarras de la vie, il s'habituera à voir s'arranger tout naturellement les choses pour son profit ou pour son plaisir, sans songer qu'il faut des efforts pour atteindre à l'une et l'autre de ces choses.

Vous imposerez forcément, et même sans vous en rendre compte, cette faiblesse à vos amis, à vos domestiques, en un mot à tout ce qui vous entoure, et votre enfant mettra à contribution cette bonté, croyant qu'elle lui est due, non qu'elle lui est venue par complaisance pour vous. Alors il s'accoutumera à recevoir les plus précieux bienfaits de la vie comme de vulgaires faveurs ; de là à devenir un parfait égoïste la route est toute tracée; et il la suivra, gardez-vous d'en douter. Croyez-vous d'ailleurs augmenter sa tendresse pour vous par cette inqualifiable faiblesse? non, au contraire.

Si, dans votre aveuglement, vous courez devant lui pour écarter toutes les pierres qui auraient pu le faire trébucher, si vous arrachez de votre main les épines auxquelles il eut laissé quelques lambeaux, lui faisant de votre corps un pont sur les précipices, votre enfant, qui ne remarquera point un aussi grand dévouement passé en habitude, trouvera votre conduite toute simple, et si un jour vous voulez lui parler de tous les sacrifices que vous avez faits pour lui rendre la vie douce et facile, il vous trouvera fort ennuyeuse : ce sera encore bien heureux s'il ne vous le dit pas. L'expérience m'a prouvé que ce ne sont pas les mères qui ont été les plus tendres qui sont le plus aimées de leurs fils dans leurs vieux jours; ce sont les mères qui ont été le plus sévères.

Pour les filles, par exemple, c'est différent ; je crois que la douceur et la tendresse doivent produire chez elles de bien meilleurs fruits que ne pourrait le faire la sévérité ; douceur et tendresse mêlées toutefois à de la fermeté, car, près d'elles aussi, la faiblesse est la pire de toutes les habitudes.

Que la première éducation que vous donnerez à vos enfants soit donc un peu austère, si je peux me servir de cette expression; apprenez-leur à penser, presque en même temps que vous leur apprenez à parler ; car la vie n'est-elle point un vaste plan d'éducation qui se perfectionne à chaque pas que nous faisons? L'hirondelle, quand elle arrive dans des régions qui lui sont inconnues, cherche sur le rivage l'arbre qui doit lui servir d'asile ; elle ne voit d'abord que des myriades de feuilles dont la verdure charme et réjouit ses yeux, mais où elle ne peut se reposer. En cherchant à percer cette enveloppe riante, elle parvient à des rameaux légers qui la soutiennent un instant mais qui fléchissent bientôt sous son poids. Plus elle se rapproche du tronc, plus les branches fragiles et vacillantes se raffermissent, et c'est enfin tout près de lui qu'elle bâtit son nid, qu'elle dépose ses plus chères espérances, qu'elle éprouve enfin tout ce que sa nature lui permet d'éprouver de bonheur et d'amour.

Cette image est celle de l'éducation qu'on donne à son enfant ; si elle est basée sur la faiblesse, ce sont les branches légères et flexibles sur lesquelles il est impossible de bâtir un nid et que le moindre vent fait voltiger ; tandis qu'une éducation ferme et sérieuse commencée de bonne heure peut être comparée au tronc de l'arbre d'où on doit défier les ouragans de vous atteindre et où l'on place le foyer de ses plus chères amours.

Une autre face de la question sous laquelle il faut regarder encore, c'est que si vous vous faites dès son berceau la Providence de votre enfant, vous lui préparerez à lui aussi de bien grands chagrins ; car vous ne serez pas toujours là pour prendre toute la part de ses embarras et de ses peines ; d'ailleurs, le pourriez-vous si vous y étiez encore ?

Vous le lancez donc dans le combat complétement désarmé ; vous ne lui avez pas appris à savoir se défendre, et, ne connaissant rien des embarras de la vie, au lieu de lutter courageusement contre eux, ne pourra-t-il pas se laisser entraîner par eux et sombrer faute de savoir à quel port il doit toucher.

ÉVITER DE FAIRE NAITRE

ET CORRIGER LA PEUR DANS L'ESPRIT D'UN ENFANT, SI ELLE EXISTE.

Un des dangers qui existent à laisser son enfant entre les mains des domestiques, c'est qu'ils le rendront peureux, et que la peur peut entraîner les plus graves et même les plus terribles conséquences physiques et morales.

La peur, d'ailleurs, est une maladie elle-même : c'est une fièvre nerveuse très-violente. Tâtez le pouls d'un enfant, en ces circonstances, et vous aurez de la peine à compter toutes les pulsations, tant elles seront nombreuses et rapides ; mettez la main sur son cœur, il battra à tout rompre ; voyez ses joues enflammées et ses yeux hagards, et vous serez, avec juste raison, effrayée des ravages qu'une aussi grande perturbation peut causer dans un petit être si frêle.

Eh bien, cette peur ne vient chez lui que d'une maladroite éducation première, car l'enfant, ne connaissant pas le danger est brave, par nature. La poltronnerie lui a donc été inculquée, et il en est la victime.

— Si tu n'es pas sage, le loup t'emportera... dit la bonne à l'enfant qui pleure... ou bien ce sera Croquemitaine, ou le charbonnier... et le pauvre petit, qui est rarement sage, croit toujours voir des ennemis autour de lui. De là, une appréhension de toutes choses et une inquiétude constante.

Une autre fois, une bonne s'amusera, comme fort sotte plaisanterie, à faire des ouh !... ouh !... ouh !... quand elle conduira l'enfant à travers l'obscurité : celui-là naturellement aura peur, et cette peur lui reviendra chaque fois qu'il se retrouvera dans l'obscurité qui déjà porte sa terreur avec elle ; aussi est-ce une impression qu'il faut s'efforcer de détruire au lieu d'avoir la maladresse de l'aggraver.

Un jour ou plutôt un soir que je voulais faire traverser à une petite fille un grand salon qui n'était point éclairé, je la vis se serrer contre moi toute frémissante :

— Qui vous cause donc une si vive terreur, ma mignonne? lui demandai-je doucement.

— Rien, Madame, mais j'ai peur.

— Peur... mais de quoi... mon enfant ? lui demandai-je derechef.

— De *Madame la Nuit*, me répondit-elle avec cette charmante naïveté de l'enfance.

C'était donc l'obscurité seule qui l'effrayait, puisque toute sa terreur consistait dans la peur d'avoir peur. Et, je le répète, la peur est une inquiétude qui nous a été donnée par les autres.

Ne laissez donc jamais effrayer votre enfant par des contes de revenants, d'esprits, de fantômes, dont ils sont très-friands ; car déjà leur petite imagination s'éveille, et ne pouvant pas encore lancer *la folle* à travers champs au profit de leurs rêves, ils s'amusent à la voir occupée par d'autres aux plus grandes extravagances. C'est pour cela que, dès le berceau, l'éducation doit être grave, raisonnée et solide.

Dès le plus bas âge, quand vous voyez votre enfant inquiet de quelque chose, il faut l'approcher doucement et en souriant de l'objet qui lui cause cette émotion, le lui faire regarder, le lui faire toucher, le laisser même jouer avec si c'est possible, et tout naturellement il prendra l'habitude de chercher à voir de près toutes choses, puisqu'il aura l'espoir de pouvoir en faire un joujou.

Il y a des bonnes, il y a même des jeunes filles et des femmes, mais j'avoue cela tout bas, qui ont la niaise habitude de regarder sous leur lit quand elles se couchent ; et quand elles ont des enfants auprès d'elles, elles ne cachent pas cette faiblesse et agissent comme si elles étaient seules, ce qui fait descendre dans l'âme du petit spectateur une terreur que rien ne peut plus vaincre, car il ne sait pas la raisonner.

Pour lui, il y a un danger. Lequel, il l'ignore ; mais il se couche en tremblant, et au moindre bruit, son sang se glace dans ses veines, tandis que s'il pouvait comprendre toutes les sottises de cette action il serait le premier à en rire.

Car, en définitive, en regardant sous son lit, que cherche-t-on à voir ? S'il y a un voleur ? Mais à la moindre pensée d'un danger semblable on appellerait à son aide sa famille, les voisins, la portière, et ce n'est qu'armé de pelles, de fusils et de balais, qu'on ferait cette visite domiciliaire,

Ce n'est donc qu'une habitude mauvaise que l'on satisfait ainsi et pour la satisfaction de laquelle on fait naître la peur dans le cœur de l'enfant sur lequel on est chargé de veiller.

On ne sait pas non plus assez se contenir quand l'on est en présence de son enfant. Ainsi si l'on entend un bruit inusité, on pousse un cri et l'on se bouche les oreilles ; ou quand on croit apercevoir un objet effrayant, on se cache la tête entre ses mains en tremblant de tous ses membres, et le pauvre bébé qui prend doublement peur se cache sur vous dans un état terrible.

Mais c'est un supplice affreux que l'on s'impose, tandis que l'on souffrirait infiniment moins en marchant résolûment vers l'objet qui cause ces terreurs; si le danger est réel, on a beaucoup plus de chance d'en sortir quand on le combat, ou, ce qui arrive presque toujours, s'il n'est qu'imaginaire, on voit que le gémissement sourd et plaintif qui avait tant effrayé est d'un malheureux chat égaré; le voleur que l'on pensait apercevoir, c'est une porte mal fermée qui s'entr'ouvre ; et le fantôme, un rayon de lune se jouant sur un rideau.

Et votre bravoure aurait non-seulement pour but de vous rassurer sur le champ, mais encore de donner une excellente leçon de courage à votre enfant, car il n'y a pas de meilleures leçons que celles qui se donnent par l'exemple.

Mais comme les mères ne sauront jamais se rendre assez compte du danger que le sentiment de la peur fait naître pour leur enfant, j'en veux citer comme un exemple pris entre mille cette historiette racontée par un médecin spécialiste pour les enfants.

« Nicolas avait été élevé au fond de la Bretagne par sa grand'mère, bonne vieille, excellente femme au fond, mais conteuse en diable, et fantastique comme une fable des *Mille et une Nuits*. Tous les enfants raffolent d'histoires : histoires lugubres ou comiques, histoires réelles ou incroyables, peu leur importe. — Pour moi, quand je vois ces petits êtres la bouche ouverte, les yeux dilatés, le corps immobile, écouter, aspirer, avaler les narrations les plus grotesques, je reconnais les premiers symptômes de l'intelligence qui s'éveille, et je me dis qu'il est bien ridicule de nourrir par des contes indigestes cette providentielle curiosité.

« A quatre ou cinq ans, Nicolas n'était pas plus timide que tous les enfants de son âge ; seulement il avait grand'peur de Croquemitaine, et il avait une frayeur terrible de l'obscurité. Cela tenait aux récits de la grand'mère.

« — Bonne maman, un conte ! demandait l'enfant.

« Aussitôt on lui racontait une histoire de revenants ou de sorciers.

« — Une histoire de voleurs ? demandait Nicolas.

« Et les voleurs entraient en scène avec leurs crimes, avec leurs épouvantables ressources ; il y avait des meurtres, des cris, du sang, des ténèbres. Comment Nicolas n'aurait-il pas tremblé ?

« Les chaumières bretonnes ont une pièce principale à laquelle tout le reste de la maison est sacrifié ; il y a bien des cabinets dans l'entourage, des coins utilisés pour le coucher de la famille ; mais la grande chambre forme plus ordinairement le logis.

Là se trouve d'ordinaire une vaste cheminée, dont l'auvent ressemble à un portail d'église, et dont la profondeur est telle qu'on y brûle non pas des chênes entiers, car les arbres sont rares, et par conséquent le bois cher, mais on y consume de véritables montagnes d'ajonc.

« Un soir d'hiver, la famille de Nicolas, émaillée de quelques voisins, se chauffait autour d'un gigantesque foyer ; à l'une des murailles pendait une lampe de fer qui distribuait presque à regret sa lumière blafarde et vacillante. La grand'mère filait, deux voisines caquetaient tout en tressant de la paille, et le petit Nicolas était debout entre les jambes de son père qui fumait flegmatiquement sa pipe.

« — Vous savez ? dit un des assistants, le pauvre François a perdu sa fille.

« — On a jeté un sort sur cet homme-là, dit la vieille.

« — La petite est morte juste huit jours après sa première communion. Ce sera *une belle de nuit*.

« — Qu'est-ce donc qu'une belle de nuit? demanda le petit Nicolas en redressant la tête vers son père.

« Le père, sans rien répondre, poussa tranquillement sa bouffée de tabac, et passa paternellement la main sur les cheveux du petit interrogateur.

« — Bonne maman ! cria l'enfant.

« — Eh bien ! fit la mère.

« — Qu'est-ce que c'est qu'une belle de nuit ?

« — Ah ! dame ! une belle de nuit, c'est une revenante, quoi ! comme qui dirait un ange en robe blanche qui se montre la nuit, entouré de nuages, et portant au front une couronne d'étoiles.

« Nicolas écarquillait les yeux.

« — J'en ai vu bien des fois, moi, venir du côté de Carnac. Je crois que c'est le bon Dieu qui envoie de temps en temps un de ses anges pour savoir si tout le monde est bien sage, entends-tu ? et quand les petits enfants sont désobéissants, quand ils sont gourmands ou qu'ils déchirent leurs effets, les belles de nuit viennent, pendant que tout le monde dort, les secouer dans leurs dodos ou les remuer par les pieds. Retiens bien ça.

« L'enfant, effrayé, oppressé, étouffa un soupir plein d'inquiétude. Tout le reste de la soirée il resta muet, préoccupé, fixant le feu avec anxiété.

« — J'ai désobéi ce matin, se disait-il intérieurement ; si j'allais recevoir la visite de la belle de nuit...

« Quand arriva l'heure de se coucher, le pauvre petit Nicolas était frissonnant ; son père lui prit les deux mains, et elles étaient glacées.

« — Mais il a froid, ce pauvre mioche !

« — Froid, à côté du feu ! dit la grand'mère. Ah! bien par exemple ! T'es donc malade, mon petit canard ?

« — Non, bonne maman.

« — Allons, viens, tu te réchaufferas dans ton lit...

« Nicolas obéit sans mot dire. Ces récits de la soirée lui bourdonnaient toujours aux oreilles ; quand il fut couché et qu'on eût emporté la lumière, son cœur se mit en ébullition. L'enfant d'abord tourna la tête vers la fenêtre, par laquelle venait une faible lueur ; mais bientôt il se renfonça sous sa couverture : derrière les vitres il avait cru voir deux grands yeux qui le regardaient ! Quelques instants après, un meuble craqua dans la chambre. Nicolas se ramassa en boule, ses genoux touchaient à son menton ; on eût dit que, craignant un ennemi, il se rapetissait pour lui donner moins de prise. C'est dans cette situation qu'après trois quarts d'heure de luttes et de cruelles souffrances, le pauvre enfant s'endormit.

« Cependant voisins et voisines étaient partis, le feu agonisait dans la cendre, la vieille maman venait de ranger son rouet ; au moment de fermer sa porte, le père de Nicolas entendit dans la rue la voix d'un garde-côte, auquel il avait un renseignement à demander. Il l'appela.

« Les garde-côtes sont des douaniers armés de pied en cap, et le plus souvent accompagnés de grands chiens ; le chien du visiteur entra en même temps que son maître et se mit à rôder dans la chaumière sans que personne y fît attention.

« Tout à coup on entendit partir de la chambre voisine un cri strident, puis des tremblements convulsifs...

« Nicolas que j'ai montré si agité, si tremblant, ne s'était en quelque sorte endormi que d'un œil. Il s'était assoupi juste assez pour rêver fantôme et revenant, et il avait été réveillé par un bruit étrange : le chien s'était introduit dans la chambre où il couchait.

« Imaginez-vous notre petit peureux ouvrant les yeux, se trouvant sans lumière et entendant distinctement des bruits de pas autour de lui... Oh !

il retenait son haleine, il n'osait pas faire le moindre mouvement... Puis, voilà qu'il sentit ses draps remuer. Enfin, il lui sembla qu'on l'empoignait ; le chien s'était dressé de toute sa hauteur, et il avait posé ses deux grandes pattes sur le lit.

« Oh ! alors la peur fit explosion, et elle causa, non pas une attaque de nerfs, non pas de simples convulsions, mais quelque chose de plus terrible : elle détermina.... l'épilepsie !... »

LA GOURMANDISE CHEZ LES ENFANTS.

La gourmandise est un défaut très-naturel à l'enfance ; il faut chercher à le corriger parce qu'il nuit à la santé et qu'il est contraire à la bonne éducation ; mais il faut le faire avec intelligence et non à la façon de beaucoup de parents maladroits qui veulent forcer leurs enfants à manger les choses qui leur répugnent, sous prétexte qu'un enfant doit *manger de tout* pour ne pas être gourmand.

La gourmandise ne consiste pas en cela du tout, il me semble, et c'est absolument tout le contraire, puisqu'elle consiste à manger trop de ce qu'on aime. Excepté du pain, qu'il faut apprendre aux enfants à savoir manger, il ne faut les contraindre sur rien autre chose, car souvent leur estomac se refuse à recevoir ce qu'on les contraint à avaler, et leur répugnance n'est que leur instinct naturel.

Ainsi, par exemple, rien n'est plus sain et meilleur que la soupe, généralement parlant ; eh bien, j'ai connu un enfant qui ne la digérait pas. Ses parents le contraignaient à en manger malgré ses pleurs et ses refus, et le pauvre petit avait une santé déplorable : le corps toujours dérangé, souvent de la fièvre, et une maigreur effrayante. Les docteurs y perdaient leur latin, quand l'un d'eux s'avisa de faire complétement changer le régime du petit : on supprima la soupe, et aussitôt il revint à la vie comme par enchantement.

Donc si votre enfant n'aime pas la soupe, donnez lui en peu, mais donnez lui peu aussi des mets qui suivent, en lui disant, s'il demande une seconde fois de ceux-ci :

— Non, tu n'en auras pas, tu as voulu peu de soupe, tu auras peu de tout.

Alors si c'est seulement par gourmandise qu'il a refusé la soupe, il en mangera davantage une autre fois ; vous verrez de la sorte si ce n'est point une répugnance invincible et vous agirez en conséquence.

Il faut apprendre à l'enfant à manger du pain avec tous les mets, surtout avec la viande, et c'est une surveillance à avoir, car d'instinct il dévorera d'abord ce qu'il a dans son assiette, dans l'espérance qu'on lui en donnera encore. C'est cet *instinct-là* qu'il faut complétement supprimer comme l'allié de la gourmandise.

Servez sur l'assiette de l'enfant ce que vous voulez raisonnablement lui donner, et ne consentez jamais à lui en donner de nouveau. S'il est bien persuadé que vous ne céderez pas sur ce point, il mangera doucement au lieu d'engloutir avec goinfrerie sa pitance, ce qui est très-mauvais pour la digestion, puis il accompagnera de son pain les mets qu'il mangera et tout y gagnera, sa santé et sa bonne tenue à table, car rien n'est laid à voir comme ces enfants qui dévorent ce qui leur est servi.

Il ne faut jamais forcer un enfant à manger d'un plat qu'il n'aimerait pas. Ainsi je connais un pauvre petit qui a horreur des épinards et qu'on oblige à en avaler, même en voyant que son cœur se soulève; mais c'est de la barbarie, cela ! Seulement, si vous voyez que le refus d'un plat sert de prétexte à en demander deux fois d'un autre plat meilleur, ne vous laissez pas prendre à cette ruse, refusez de donner une seconde fois et laissez l'enfant manger son pain ou ne pas manger du tout, pendant qu'on mangera du plat qu'il a refusé. Laissez-le de même avoir du dessert comme de coutume; enfin ne le punissez en aucune façon, car, je vous le répète, c'est peut-être son estomac qui lui souffle cette répugnance-là.

Ne voyez-vous pas tous les jours non-seulement des enfants, mais encore des personnes fort raisonnables, qui montrent de l'horreur pour les meilleures choses. Ainsi je connais une dame qui de sa vie n'a pas approché une fraise de sa bouche, et elle me disait que quand elle était enfant la vue de ce joli petit fruit lui donnait des convulsions.

J'en ai vu d'autres ayant une répugnance invincible pour le raisin, pour la volaille, etc., etc. Vous, vous direz cependant que ce sont les meilleures choses du monde. Pour vous, peut-être, mais pas pour eux; vous les rendriez donc affreusement malheureux si vous vouliez les contraindre à en manger.

Les repas des enfants doivent être établis à heures fixes et d'une façon invariable ; mais je blâme presque autant la mère qui, en dehors de cela, refuse impitoyablement de donner à manger à son enfant si celui-ci dit avoir faim, que celle qui donne à manger selon tous les caprices de son petit tyran.

Souvent le petit estomac d'un enfant peut lui demander pâture en dehors des heures fixées pour les repas, et s'il dit qu'il a faim et que vous lui refusiez à manger, vous pouvez lui faire mal. Mais vous pouvez vous assurer facilement si c'est nécessité ou gourmandise qui lui fait faire cette requête. Donnez-lui un petit morceau de pain sec. S'il a faim, il le mangera sans mot dire; s'il n'a pas faim, il vous tourmentera pour qu'on y mette du beurre ou des confitures, et se fâchera si vous lui résistez, ce que vous devez faire impitoyablement dans l'intérêt de son éducation et surtout de sa santé. Les mères faibles sur ce point ne savent pas combien elles compromettent même l'existence de leur enfant par ce laisser-aller impardonnable, qui n'est que de l'amour mal entendu.

Je connais un enfant qui grignote toute la journée soit des biscuits, soit des gâteaux, soit des tartines ; quand vient l'heure du repas il mange mal, il est jaune, souffreteux, il a souvent la fièvre, et quand je me permets de faire à ce sujet quelque observation à la mère, elle me répond qu'elle ne peut pas faire autrement, que quand elle refuse le petit se fâche, crie, pleure, ce qui peut lui faire du mal, parce qu'il est très-délicat.

Et je ne peux pas lui faire comprendre que cette

mauvaise santé de l'enfant est son ouvráge, et qu'elle lui ferait beaucoup moins de mal en le laissant pleurer qu'en lui donnant toujours à manger. Que voulez-vous, il n'y a de pires sourds que ceux qui ne veulent pas entendre.

Un enfant a besoin de manger peu et souvent, il faut donc rapprocher les heures de ses repas bien plus que celles des vôtres, et si vous pouvez ne pas le faire manger à table avec vous, cela vaudra beaucoup mieux, à condition toutefois que vous assisterez à ses repas, et que vous ne laisserez pas les domestiques lui servir sa pitance.

COMMENT IL FAUT DÉTRUIRE

LA PARESSE CHEZ LES ENFANTS.

« L'oisiveté est la mère de tous les vices, » dit-on communément, et on a parfaitement raison, car la paresse conduit toujours au mal, les grandes personnes comme les enfants.

Ainsi un enfant qui s'ennuie passe tout son temps à vous tourmenter, ce qui fait du mal à vous et à lui.

A vous, en vous conduisant à l'impatience ; à lui, en vous conduisant à la faiblesse par lassitude.

Ainsi un enfant qui s'ennuiera vous dira à toute minute :

— Maman, j'ai faim ; maman, j'ai soif ; maman, je veux ceci, maman, je veux cela ; et il vous tourmentera sans repos ni trêve.

D'abord vous lui refuserez ce qu'il vous demandera en lui disant qu'il ne peut avoir ni faim ni soif ; mais il insistera avec une tenacité si grande que de guerre lasse vous céderez.

— Tiens ! lui direz-vous en lui donnant ce qu'il

désire : mange, bois, et si tu es malade tant pis pour toi.

L'enfant mangera par désœuvrement ; la digestion se fera mal, ce qui le rendra encore plus maussade, puis il finira en effet par être malade, ce qui sera tant pis pour vous aussi bien que pour lui.

Voulez-vous un moyen pour empêcher toutes ces petites tracasseries et leurs conséquences. C'est d'apprendre à un enfant, dès le plus bas âge, à savoir s'occuper tout seul et sans cesse.

Mais pour cela, dès son entrée dans la vie, il ne faut pas trop s'occuper de lui sans cesse, parce qu'il prendrait cette habitude et que vous auriez toutes les peines du monde à l'en guérir.

Voyez les enfants de la campagne, ils ne s'ennuient jamais, eux. Savez-vous pourquoi ? c'est que leurs parents n'ont jamais eu assez de temps à perdre pour l'employer à les distraire.

Quand ils sont petits, on les laisse dans leur berceau *à gazouiller aux anges*, comme on dit au village. Quand ils sont devenus plus grands, après les avoir débarbouillés et leur avoir donné à manger on les laisse entièrement maîtres de leurs actions et ils apprennent ainsi à s'occuper tout seuls, sans avoir besoin de personne pour se distraire.

Je ne vois pas pourquoi on ne suivrait pas cet exemple à la ville ; d'abord le berceau est beaucoup mieux pour un bébé que les bras d'une bonne ou d'une nourrice. Qu'on le laisse donc dans son berceau ou sur un tapis avec des joujoux, toutes les fois qu'on ne le conduira pas en promenade, et cette habitude aura un double avantage : d'abord de le fortifier, puis de lui apprendre à s'occuper ; ainsi des joujoux s'éloignent de lui ; il cherche à les reprendre ; c'est un travail. Tandis que s'il est dans les bras de sa bonne, celle-ci les lui ramasse et tout est dit.

Quand il devient plus grand, créez-lui des occupations à l'aide même de ses jouets. Ainsi, par exemple; si vous êtes à la campagne, donnez lui une pelle, une brouette, et *priez-le* de transporter un peu de terre ou un peu de sable d'un endroit à un autre que vous lui montrerez. La question posée ainsi, croyant être utile, il travaillera de toutes ses forces pensant se donner ainsi de l'importance, car la vanité se développe chez l'enfant en même temps que l'intelligence. Ayez soin de le remercier comme s'il vous avait été utile, quand il aura fini sa tâche, et non-seulement vous le comblerez d'aise, mais encore vous pourrez recommencer avantageusement le lendemain la proposition d'une autre corvée.

A la ville, ayez des tiroirs sacrifiés pour eux ; *priez-les* de mettre de l'ordre dans des papiers ou dans des chiffons. Ils se donneront une peine horrible pour tout embrouiller, croyant faire merveille, et ce sera autant d'heures employées à un travail qui leur donnera l'habitude de s'occuper.

Je connais une dame qui tous les deux ou trois jours, c'est-à-dire les jours de pluie, fait faire une semblable opération à son petit garçon qui recommence toujours avec une ardeur n'ayant d'égale que celle des petites Danaïdes pour remplir leur tonneau.

Pour les petites filles, une excellente occupation à leur faire prendre est celle de la poupée; il faut leur donner l'habitude de la lever le matin, de lui faire sa toilette, puis son éducation ; de la conduire à la promenade autour de l'appartement, de lui

10

faire faire des visites, puis de la déshabiller et de la coucher ; plus tard de faire des robes, des chapeaux, de confectionner son linge, toutes choses qui rendent la petite fille fort adroite et très-ordonnée. Ainsi vous lui donnerez beaucoup de chiffons à la condition qu'elle les tienne en ordre, et vous les lui reprendrez si elle manque à cette condition-là.

Pour cela, vous lui donnerez une petite armoire ou vous lui sacrifierez un de vos tiroirs, mais soit une armoire à elle, soit un tiroir à vous, il faut souvent en passer l'inspection afin qu'elle soit bien convaincue que vous étendez votre surveillance sur ses plaisirs comme sur ses devoirs.

Il est plus difficile d'occuper un petit garçon qu'une petite fille, car l'utile auxiliaire de la poupée vous manque près de lui, mais on y supplée par des images noires qu'on lui apprend à colorier à l'aide d'une boîte à couleurs, ce qui l'enchante, car le barbouillage est une des choses préférées par l'enfant, qui ne se plaît naturellement que dans ce qui est malpropre.

J'aime beaucoup aussi l'habitude que l'on prend aujourd'hui de donner aux petits garçons des jouets qui sont des petits établis de menuisier avec tous les outils nécessaires à l'ouvrier de cet état ; car non-seulement cela les amuse, mais encore leur apprend à s'occuper ; et vous ferez bien de leur donner un peu de bois pour qu'ils le travaillent, puis de leur demander de temps en temps soit une petite planchette, soit une autre chose du même genre, dont vous leur direz avoir besoin.

Je connais un petit garçon qui n'a pas encore sept ans, on lui a donné comme jouet un tour pour tourneur et avec lui il fait déjà de très-jolies petites choses, ce qui le rend non-seulement adroit, mais encore fort heureux et surtout très-fier, quand il vous dit : *qu'il ne peut pas suffire à toutes les commandes.*

Et cet enfant n'est pas le fils de gens de rien, je vous prie de le croire, mais il est bel et bien l'héritier d'une très-riche et très-noble maison.

L'habitude de s'occuper empêche aussi chez les enfants le développement et l'éclosion d'une foule de défauts que plus tard vous auriez toutes les peines du monde à combattre ; je ne saurais donc trop vous recommander de leur donner cette habitude dès leur naissance, si je peux m'exprimer ainsi, et cela autant dans votre intérêt que dans le leur.

DE LA FAMILIARITÉ ENVERS LES PARENTS.

Chaque chose, quelque bonne qu'elle puisse être, a son inconvénient quand on l'exagère, et si on peut adresser des reproches à ces liens respectueux qui unissaient autrefois les familles en disant qu'ils conduisaient à la froideur, combien à plus juste droit on peut blâmer cette familiarité qui règne aujourd'hui entre les enfants et leurs parents, familiarité qui trop souvent dégénère en un manque total de respect.

— Mais que faut-il faire alors ? me demandera-t-on.

Ce qu'il faut faire ? c'est de deux maux éviter le pire, ou plutôt c'est de chercher à corriger le mal et ne laisser que le bien de la chose. Ainsi conservez le respect, mais éloignez la froideur ; et par une tendresse active et douce rendez impossible qu'elle puisse jamais se glisser entre vous et votre enfant. Vous n'y gardez alors que le respect et vous verrez comme vous vous en trouverez bien tous deux. Je peux vous dire ceci par expérience, car mon âge me permet de pouvoir juger les choses autrement que par les paroles. Née au commencement de ce siècle, j'ai pu connaître la sévérité que les parents avaient alors pour leurs enfants et le respect que ceux-ci rendaient à leurs parents. On blâmait alors ce système : aussi la réaction fut-elle complète, et la génération qui suivit fut élevée d'une façon toute contraire. Père, mère, enfants, furent entre eux d'une familiarité extrême ; ce qu'on regarda d'abord comme de la tendresse dégénéra bientôt en licence.

Qu'en advint-il ? C'est que les liens de famille se sont si bien distendus qu'à peine aujourd'hui s'ils existent, et qu'un jeune homme, trop souvent hélas ! ne regarde plus ses parents que comme d'ennuyeux personnages qui gardent trop longtemps une fortune dont il est pressé de jouir lui-même.

Les statistiques prouvent aussi que les criminels parricides augmentent chaque année dans une proportion effrayante, et cela parce que le peuple prend tous les défauts des gens du monde en les exagérant encore en raison de son manque d'éducation joint à sa nature inculte et brutale.

Je vous montre ici le côté hideux de la question, je le sais bien ; mais pour se faire parfaitement entendre il faut frapper fort, il me semble, car il y a beaucoup d'oreilles dures.

Ainsi je blâme le tutoiement d'un enfant envers son père et sa mère, et je sais bien que le *tu* est bien plus doux et bien plus gentil quand il tombe des lèvres roses d'un enfant que le *vous* sévère qui semble effaroucher sa tendresse. Oui, mais plus tard ! et c'est toujours pour ce *plus tard* que vous devez travailler, mère prudente qui aimez votre enfant de cet amour profond qui se sacrifie toujours sans balancer.

Dès le plus bas âge apprenez à bébé qu'il doit vous respecter. Ainsi j'ai vu des petits enfants donner des tapes à leur mère et celle-ci en rire, ce qui était une faute, car elle eut dû aussitôt punir très-sévèrement le coupable en lui disant que c'était *parce qu'il lui avait manqué de respect.* D'abord bébé n'eut rien compris à ces paroles : mais en recommençant plusieurs fois cette leçon, il aurait fini par voir qu'il ne devait pas traiter sa mère *comme une autre*, et tout naturellement le respect pour elle serait né en lui.

Tandis qu'au contraire, de cette petite tape dont on rit naîtra facilement une insubordination continuelle. Si la mère se fâche on criera plus fort qu'elle, et l'enfant sera devenu son petit tyran quand elle commencera à comprendre qu'elle a eu tort d'abandonner son pouvoir maternel.

Mais si alors elle veut le reprendre, ce pouvoir, que de luttes il lui faudra soutenir avant d'y arriver, si jamais elle y arrive, tandis qu'il est si facile de le conserver quand on n'y a pas laissé encore faire de brèches.

Un enfant est toujours volontaire et dominateur. Il vient au monde avec ces instincts ; il faut donc, dès le premier moment, assouplir sa volonté et mettre votre domination à la place de la sienne, ce qui est très-facile alors que son intelligence est encore une petite cire molle qu'on peut façonner sans peine et sans danger.

Que tout de suite donc on lui fasse reconnaître le

pouvoir de sa mère, et tout sera sauvé. Mais si on l'oublie une fois, il faudra beaucoup de peine pour rétablir les choses. Malheureusement, presque toujours les nourrices usurpent les droits maternels, et comme elles croient montrer leur tendresse par une faiblesse sans bornes avec leur bébé, c'est une éducation complétement à refaire quand l'enfant sort de leurs mains ; mais cependant il en est temps encore. C'est un changement de règne pour eux, et vous savez qu'à ces occasions-là il y a toujours de grandes réformes auxquelles on se ploie facilement, car la nouveauté est véritablement une puissance.

Donc, dès ce moment, établissez bien une ligne de démarcation entre vous et bébé ; montrez-lui à jouer différemment avec sa bonne, avec ses frères et sœurs, avec les autres en un mot, et vous, et le petit drôle comprendra fort bien, je vous l'assure, ce qui ne l'empêchera pas de vous aimer tendrement, au contraire.

Enfin, inculquez vous bien ce principe que le respect pour sa mère est la première religion, la base fondamentale de l'éducation qu'on doit donner à un enfant; cela le conduira à l'amour de Dieu, au respect qu'il devra aux autres et à lui-même ; tandis qu'au contraire la familiarité affadira son cœur et le rendra indifférent à tous et à tout. Ce qui prépare un bien triste avenir !

DE LA COQUETTERIE DES ENFANTS.

Les mères ont généralement un tort réel : celui d'aimer leurs enfants plus pour elles que pour lui ; et malheureusement elles ne se rendent pas compte de cette impression fâcheuse, car sans cela elles se combattraient à outrance et bien certainement elles se vaincraient, tant il y a de courage et de dévouement dans le cœur d'une mère !

Ainsi, quand elles habillent bébé avec l'élégance qui règne aujourd'hui pour les enfants, si elles se disaient : — c'est ma vanité maternelle que je flatte par cette toilette,car si je veux que mon enfant soit le plus beau entre tous, c'est pour moi et non pour lui. A lui, que lui fait cette élégance?... elle le gêne, elle l'ennuie, elle le fatigue même, puisqu'elle le force à se tenir tranquille pour éviter de salir ses habits, à être serré, attaché, sanglé peut-être, car le premier sentiment que la toilette inspire à bébé c'est de la répugnance et de l'ennui : mais hélas ! à ce sentiment il en succède un bien plus fatal que vous avez semé, mères imprudentes ! et dont vous récolterez trop tôt les fruits amers.

Ce sentiment est la coquetterie, qui est toujours accompagnée de la vanité et de l'égoïsme.

Dès le berceau, vous aurez donc détruit cette charmante simplicité de l'enfance pour la remplacer par le plus dangereux de tous les défauts.

Voyez une petite fille dans sa belle robe de soie, comme elle est fière ! Quand elle marche dans la rue, elle promène ses regards autour d'elle pour voir si on la regarde, tant elle croit faire de l'effet ; à la promenade, s'il s'agit de jouer avec d'autres petites filles, elle repoussera avec mépris celles dont la toilette ne lui semble pas à l'unisson de la sienne. Or, comme les défauts qui sont entretenus au lieu d'être corrigés augmenteront toujours, la pauvre mère sera effrayée un jour des mauvais sentiments de sa fille ; elle cherchera à arrêter le mal ; il sera trop tard, et elle souffrira bien cruellement si elle a la franchise de s'avouer que c'est elle qui est la première coupable.

D'autant que pour montrer sa belle toilette, il faut tout naturellement produire sa petite fille dans le monde dès son plus bas âge ; c'est pour cela qu'on a imaginé ces bals d'enfants, ces fêtes enfantines, toutes choses perverses et qui enlèvent à jamais cette fleur d'innocence qui rendait l'enfance une si adorable chose.

Et qu'on ne croit pas que j'exagère en parlant ainsi, car je peux apporter une preuve à l'appui de mon dire, et cette preuve la voici :

Un vénérable et respectable prêtre, qui est à la tête

d'une des principales paroisses de Paris,me disait un jour :

— Vous, Madame, qui écrivez sur l'éducation, recommandez donc aux mères de ne point donner des habitudes de coquetterie et de dissipation à leurs enfants ; elles ne savent pas le mal qu'elles font à ces pauvres petits êtres, les malheureuses. Ainsi depuis toutes ces toilettes et ces fêtes pour l'enfance, à la première communion il ne nous vient plus une seule petite fille entièrement pure de cœur.

Et ne trouvez-vous pas que cette phrase : *entièrement pure de cœur* fait trembler ?... car enfin quel est le désir, quelle est l'espérance d'une mère ?... c'est que sa fille sera un jour une femme pure, honorable et honorée... C'est le rêve même des femmes perdues, et voilà comment vous lui ouvrez cette vie, comment vous la préparez au combat. Car il faut apprendre de bonne heure à se vaincre soi-même si on veut rester toujours vainqueur de ces tentations qui,sous les plus douces et les plus belles apparences, vous conduisent fatalement à l'abîme.

Mais je ne vous ai parlé encore que de votre fille : et votre fils ? Vous avez la prétention d'en faire un homme intelligent et fort, n'est-ce pas ? eh bien, est-ce en lui donnant l'habitude de se pomponner, de se bichonner, de s'adoniser enfin,que vous en ferez un homme comme vous rêvez qu'il soit un jour ? non, mille fois non ! Toutes ces toilettes de velours, toutes ces élégances ne préparent que des fats, ce qui est presque toujours synonyme de sots. L'amour d'eux-mêmes que vous développez ainsi sans vous en douter les énerve et détruit le bon grain qui aurait pu germer dans leur âme. Aujourd'hui un petit garçon de quatre ans apprend à danser la polka ou la mazurke pour faire danser les petites filles qu'il rencontrera dans les bals, costumés ou non, qui seront donnés pour eux.

Et les mères rient, trouvent cela charmant... Hélas ! attendez la fin et ne vous plaignez pas si un jour votre fils devenu un élégant désœuvré sacrifie tout, même son honneur, pour avoir l'argent nécessaire à ses plaisirs, car ce sera vous qui l'aurez fait être ce triste et odieux personnage.

Je vous ai montré le danger, et si vous voulez m'écouter, je vais vous tracer la direction sage que vous devez suivre.

N'habillez pas vos enfants avec luxe c'est un tort si votre position vous le permet c'est un crime si elle vous le défend. Que leurs vêtements soient toujours simples, frais et propres, sans recherche comme aussi sans négligence, car il ne faut pas non plus faire rougir un enfant de lui-même près des autres, ce qui le conduirait tout naturellement à l'envie, le pire des défauts, chez un enfant surtout.

Ne lui dites jamais ta *belle* robe, ton *bel* habit, ton *beau* chapeau, etc., etc., afin de ne pas développer ces idées-là chez lui, ce qui est maladroit.

Apprenez-lui de bonne heure que la propreté est la première élégance, et que le soin de ses effets est la seule coquetterie permise. Si vous surprenez son admiration pour la toilette d'un de ses petits amis, trouvez le moyen de lui parler de cette toilette sans lui montrer que vous avez remarqué son admiration et montrez-lui en le côté déffectueux.

Si c'est une petite fille qui vous parle, d'une

autre petite fille plaignez la pauvre enfant d'être serrée ainsi dans une robe qui gêne ses mouvements. Tandis que toi, ajoutez-vous, tu es libre des tiens, ce qui te rend bien plus heureuse.

Si c'est à un petit garçon, montrez-lui qu'un habillement de velours donne l'air d'une poupée habillée, tandis que le drap est bien plus *homme* : d'autant plus qu'habillé ainsi on peut jouer tout à son aise sans avoir peur de rien gâter.

Les enfants sont naturellement logiques; quand on leur montre la vérité des choses, ils la comprennent ; en habituant ainsi les vôtres à voir le mauvais côté de la coquetterie, vous les en préserverez à tout jamais.

DE L'ORDRE ET DU SOIN

A INCULQUER AUX ENFANTS.

De très-bonne heure une mère doit chercher à donner de l'ordre à son enfant ; cela lui sera facile, car ses jouets lui serviront d'auxiliaires : il faut lui apprendre à les ranger et non à les laisser à la débandade à travers les chambres, en lui disant :

— Si tu ne mets pas tes joujoux en ordre, tu ne les auras pas demain.

Surtout tenez lui parole. C'est-à-dire, s'il ne vous a pas obéi, que ses jouets, ne lui soient pas donnés le lendemain.

Alors attendez-vous à ce que bébé se fâche ; il criera, tempêtera, fera un vacarme horrible, car l'enfant est tyran et despote par nature, je ne cesse pas de vous le dire. Mais si vous ne cédez pas à cette tentative d'insurrection, la partie est gagnée, et le jour suivant, quand vous lui donnerez ses joujoux en lui faisant la même recommandation de les ranger quand il aura cessé de jouer, vous pouvez être sûre qu'il obéira. L'ordre, croyez le bien, est une des principales qualités à faire éclore chez un enfant, car l'habitude de l'ordre dans les actions conduit à en mettre dans les idées, et plus tard dans la conduite.

C'est surtout chez la petite fille, qui est destinée par Dieu à devenir mère de famille un jour, qu'il faut se hâter de donner des habitudes d'ordre dès le plus bas âge ; il faut lui apprendre, quand elle se couche, à plier ses affaires, à secouer son jupon, à rouler ses bas, à placer tout cela ensemble sur une chaise, à faire, en un mot, pour elle-même ce qu'une femme de chambre fait pour sa maîtresse ; puis s'assurer souvent si les tiroirs des armoires où sont ses chiffons et ses poupées sont en ordre ; dans le cas contraire, les lui retirer jusqu'à ce qu'elle ait formellement promis d'en avoir soin, et s'assurer si elle tient parole.

Il est également bon de lui faire honte toutes les fois qu'elle aura après elle un cordon détaché, un bouton défait, des vêtements en désordre, ses cheveux ébouriffés, afin que, si elle est encore trop petite pour remettre tout en ordre elle-même, elle prenne l'habitude de demander à sa bonne de le faire et qu'elle ne reste pas ainsi sans souffrance.

Pour les garçons, il faut être moins minutieuse, j'en conviens, mais pourtant il faut encore exiger d'eux qu'ils rangent leurs livres et tout ce qui sert à leur usage quand ils ont cessé de s'en servir ; puis vous fâcher sérieusement, si vous voyez qu'ils barbouillent ces mêmes livres, qu'ils n'en ont pas le moindre soin.

De même pour leurs effets. Ainsi, si vous laissez

jouer votre fils tout à son aise, quand il a cessé de jouer, donnez-lui l'habitude de se remettre en ordre et non de revenir au travail les bas sur les talons, les mains crasseuses et les cheveux à la diable.

Entre le jeu et le travail, il faut toujours un petit temps d'arrêt, eh bien, que ce temps soit employé, non à se bichonner, ce n'est pas cela que je demande! mais à réparer l'affreux désordre que le jeu a fait produire dans l'équilibre de la toilette au point de vue de la propreté; cette manière d'agir ne nuit pas au zèle qu'il va falloir montrer, mais donne une bonne habitude qui se conservera et dont on se trouvera bien un jour; car, s'il ne faut pas qu'un homme soit fat, il ne faut pas non plus qu'il manque de tenue; ce serait la marque d'une très mauvaise éducation.

LA CHARITÉ CHEZ LES ENFANTS.

La charité est une vertu qu'il faut développer de très-bonne heure dans le cœur de son enfant, car elle est la mère d'une foule de qualités charmantes et le destructeur de l'égoïsme ; mais pour rendre un enfant charitable, il ne suffit pas de mettre un sou dans sa petite main, quand on rencontre un pauvre dans la rue, et de le lui faire donner à ce misérable, il faut surtout lui apprendre ce que c'est qu'un pauvre.

Dites-lui que c'est un infortuné que le bon Dieu, qui est son père, comme à lui-même, éprouve sur cette terre pour le récompenser plus tard ; que le bon Dieu choisit ses élus tout aussi bien, peut-être même de préférence, parmi les pauvres que parmi les gens riches ; que se moquer d'eux ou leur donner son aumône d'une façon humiliante est une mauvaise action que Dieu punit toujours; enfin que le malheur est un titre au respect de toute personne noble et qui a le cœur bien placé.

En lui répétant cela souvent, l'enfant, qui n'a

compris d'abord que le bruit de vos paroles, finit peu à peu par les graver d'abord dans son esprit, puis dans son cœur.

Grondez, et même, s'il y a récidive, punissez très-sévèrement votre enfant si vous le voyez rire d'une personne âgée, infirme ou misérable ; c'est manquer de charité, c'est-à-dire manquer de cœur, et vous ne devez jamais tolérer une chose semblable : au contraire, il faut montrer sur le champ à l'enfant combien il a eu tort; lui démontrer qu'il peut être exposé lui-même à devenir infirme ; s'il s'est moqué d'un bossu, lui dire que, comme sa petite taille n'est point encore formée, il pourrait fort bien devenir bossu à son tour si Dieu voulait le punir de sa malveillance pour ceux qui sont affligés de cette infirmité ; de même si c'est un boiteux, lui prouver qu'il peut se casser la jambe en jouant et devenir boiteux à son tour.

Près des vieillards, on doit leur inculquer de bonne heure le respect des cheveux blancs ; près des pauvres, leur apprendre qu'on peut tomber soi-même dans cette triste position, parce que rien n'est moins assuré que la richesse, et que la moindre chose peut l'emporter.

Alors, si l'enfant est bien convaincu qu'il peut tomber lui-même dans tous ces malheurs-là, il deviendra naturellement charitable ; les misères et les infirmités qu'il rencontrera ne lui inspireront plus que de la pitié mêlée d'effroi, et non matière à plaisanter et à rire.

Ne laissez jamais non plus vos enfants briser et gaspiller trop leurs joujoux ; apprenez-leur qu'il y a de pauvres petits enfants comme eux qui en sont privés et qu'on les rendrait bien heureux en leur donnant ces jouets qu'on dédaigne et qui sont hors de service ; c'est leur apprendre ainsi à faire la charité par eux-mêmes et non avec les sous qu'ils seront chargés seulement de passer d'une main à une autre.

Vous devez également laisser à l'enfant le plaisir de distribuer ses vieux jouets cassés à des petits malheureux qui sont déshérités de tous plaisirs, et la joie qu'il lira dans les yeux de ces pauvres infortunés l'encouragera à chercher le moyen d'être agréable à ses semblables. C'est une excellente leçon à lui donner.

Quant aux petites filles, tout en leur laissant ce même plaisir de donner leurs joujoux hors de service, il faut aussi leur apprendre de bonne heure à s'occuper des pauvres. Quand elles commencent à apprendre à travailler, leurs tricots et leurs coutures ne sont pas assez bien faits pour servir au linge de la maison ; eh bien ! il faut que cet apprentissage serve aux malheureux. On commence d'abord par leur faire ourler de gros mouchoirs qu'elles savent destinés aux pauvres et qu'on leur laissera donner elles-mêmes quand ils seront finis. Ce moyen leur servira d'encouragement pour mieux faire leur travail, et développera dans leurs cœurs la charité, qualité si précieuse, surtout chez les femmes.

Il faut aussi apprendre à vos enfants à soigner leurs effets, en leur disant que c'est pour pouvoir les donner, quand ils ne pourront plus les porter eux-mêmes, à de pauvres petits enfants qui sont presque nus, et leur raconter là-dessus des histoires très-touchantes et malheureusement trop vraies ; car l'enfant adore les histoires, et à l'aide d'un récit on peut lui faire passer toute la morale qu'on veut lui servir.

C'est un excellent moyen à employer, car par l'ennui on n'arrivera jamais à rien auprès d'eux ; tandis qu'à l'aide d'une petite histoire, on leur fera non-seulement écouter les bons conseils, mais encore on les gravera dans leur mémoire, et s'ils savent que leurs vêtements doivent servir à de petits enfants dont vous leur aurez dramatisé l'existence, vous êtes assurée qu'ils en prendront grand soin ; vous aurez ainsi atteint un double but : l'ordre en même temps que la charité.

Un défaut qui se rencontre souvent chez l'enfant et qu'il faut corriger avec soin, car il ne tient en rien à la charité, quoique souvent il en emprunte les formes, c'est la prodigalité. Beaucoup d'enfants ne savent rien avoir à eux ; ils donnent tout, et ne croyez pas que ce soit par générosité, c'est par insouciance. Aussi, au lieu de se réjouir de ce qu'elle croit une qualité, la mère sage fera bien de chercher à arrêter le mal à sa racine. Ainsi donnez un joujou à votre enfant, s'il le donne à un de ses petits amis et qu'il vienne de suite vous en demander un autre, répondez : — Non, mon enfant, tu n'auras pas un autre jouet, celui dont tu t'es défait était pour ton plaisir, tu as trouvé ton plaisir à le donner, mon but est donc rempli, et je ne vois pas pourquoi je te donnerais autre chose.

Il réfléchira alors, et voyant que les générosités se font à ses dépens et non aux dépens des autres, il deviendra plus circonspect.

Mais ces natures-là sont bien préférables à celles

des enfants qui naissent avares; car elles ne demandent qu'à être dirigées et enrayées pour devenir très-bonnes, tandis que les autres demandent à être complétement transformées. Pour cela il faudra une main ferme et une suite invariable dans le régime du cœur qu'on veut faire éclore au bien.

LA POLITESSE CHEZ LES ENFANTS.

Dès le plus bas âge, vous devez apprendre à votre enfant à être poli avec tout le monde.

« Il faut très-peu de fond, dit La Bruyère, pour la politesse dans les manières, mais il en faut beaucoup pour celle de l'esprit. »

Et cette distinction n'est pas seulement ingénieuse, elle est encore très-profonde, chose que La Rochefoucault a parfaitement définie quand il a dit :

« La véritable politesse consiste à penser des choses honnêtes et délicates de chacun. » Donc la politesse de l'esprit fait le fond d'un caractère indulgent et bienveillant pour tout le monde ; c'est celle-là que vous devez vous efforcer d'inculquer à votre enfant, et non celle qui tient au jargon du monde et qui est parfaitement ridicule chez ces petits hommes hauts d'une coudée et chez toutes ces petites personnes qui ne rêvent encore que poupées et que joujoux.

Ceci est seulement le mensonge de la politesse, c'est-à-dire son masque; et Dieu me garde de vous dire d'élever votre enfant d'une façon guindée et prétentieuse comme trop souvent on faisait jadis. Au XVIIIe siècle, par exemple, il existait des livres de *réponses et de réparties* qu'on mettait dans les mains des bébés à peine s'ils savaient lire, et dont je veux vous citer quelques passages afin de vous bien montrer le ridicule de la chose.

« Vous rencontrez un ami qui vous demande courtoisement comment vous vous portez ? Vous devez aussitôt lui répondre .

« — Avec plus de crainte que jamais de vous déplaire.

« Ou bien si cet ami vous est cher :

« — Comme ne voulant vivre que pour vous aimer.

« Un particulier chez qui vous êtes en visite vous prie de passer le premier dans son salon, vous devez résister à cette politesse en disant :

« — Ne m'empêchez pas, je vous prie, de vous rendre les devoirs que je vous dois.

« Il vous presse davantage — vous résistez encore et vous dites :

« — N'insistez pas, Monsieur, et gardez, je vous prie, le pouvoir que vous avez sur moi pour une autre occasion.

« Cependant si votre hôte se tient toujours à la porte en vous offrant le passage, il faut céder enfin. Vous entrez alors d'un pas rapide, en courbant la tête et en disant.

« — Eh bien ! soyez obéi, Monsieur, car je vous honore trop pour en appeler de vos ordonnances.

« Ou encore, ce qui serait peut-être préférable :

« — Que cela soit selon votre bon plaisir, Monsieur, car si je ne savais pas vous obéir, je ne serais pas votre serviteur. »

Ce petit échantillon prouve combien le langage précieux était de mode dans ces catéchismes de vieille civilité enseignés à la jeunesse ; et si je veux vous prévenir contre cet excès ridicule, je veux bien plus encore vous faire éviter l'excès contraire, qui serait de ne point inculquer à votre enfant ces principes de politesse qui non-seulement font des personnes aimables, mais encore des personnes distinguées, car l'impolitesse est la marque indélébile d'une mauvaise éducation.

Dès le plus bas âge apprenez-donc à votre enfant à *respecter* les personnes qui vous aideront à l'élever, et il sera poli avec elles.

— Mais, allez-vous me dire, ce sont les domestiques qui sont habituellement chargés de ce soin.

— Eh bien, pourquoi ne lui apprendriez-vous pas à *respecter* ces domestiques, s'ils sont respectables ? Est-ce donc la position élevée et la haute fortune qui font l'honorabilité aux yeux des honnêtes gens? Au lieu de laisser voir à votre bébé que sa bonne ou sa nourrice sont tout simplement des servantes, apprenez-lui que ce sont des personnes de bien que la nécessité force à servir, mais qui sont dignes d'une autre condition, croyez-vous que votre enfant se conduira bien avec elles si vous leur laissez voir — et ils sont bien fins — que vous les regardez comme des mercenaires à vos gages trop heureux de manger votre pain.

Dès qu'il parle, apprenez à votre bébé, à dire : s'il vous plaît, quand il demande quelque chose à sa bonne et: merci, quand elle le lui a donné. Vous lui inculquerez très-facilement cette habitude, en se refusant à lui donner l'objet qu'il demande s'il ne le fait pas poliment, et en le lui retirant s'il ne dit pas: merci, une fois qu'il l'a reçu.

On rit à tort de ces petites impertinences qui naissent trop facilement chez les enfants et on ne sait pas assez se rendre compte que ces petites impertinences, si drôles aujourd'hui, s'appelleront demain grossièretés. Tandis que si vous apprenez de bonne heure à votre enfant la politesse, il sera naturellement poli toute sa vie. L'enseignement donné sur les genoux d'une mère, et les leçons paternelles confondues avec les souvenirs pieux et doux du foyer domestique ne s'effacent jamais entièrement de l'esprit et du cœur.

Apprenez aussi à votre enfant à être poli avec les personnes âgées, avec celles qui sont pauvres, et de même avec ceux qui sont infirmes, en montrant vous-même un grand respect pour la vieillesse, le malheur et à la souffrance, au lieu de se moquer de ces choses comme ne le font que trop souvent les personnes sans générosité et sans bonté.

Enfin, vous rendrez votre bébé poli en le corrigeant de cet égoïsme naïf adhérant à l'enfance, en lui montrant que toujours, petits et grands, nous avons besoin des autres, et qu'on ne saurait rien obtenir des autres si on ne commence pas à se mettre bien avec eux. Or, comment peut-on espérer plaire si ce n'est en étant aimable, et l'amabilité et la véritable politesse ne font qu'un.

Donc, si la politesse aujourd'hui est malheureusement dans une phase décroissante et que l'amabilité ne semble plus nécessaire dans le commerce habituel de la vie, c'est un tort, car un esprit grossier et un esprit repoussant la politesse n'étant que le témoignage extérieur du respect que se doivent entre eux tous les membres de la grande famille humaine, y manquer est manquer tout d'abord à soi-même.

DE L'ÉDUCATION PRÉMATURÉE.

Les jeunes mères, tout orgueilleuses qu'elles sont de leur cher bébé, ont souvent un très-grand tort, c'est celui de vouloir chercher à développer trop tôt l'intelligence de ces petits êtres en leur apprenant à penser, tandis qu'ils ne doivent encore que sentir.

A peine s'ils savent balbutier quelques paroles, qu'on cherche déjà à leur faire apprendre les lettres de l'alphabet, afin que de très-bonne heure ils sachent lire, ce qui flattera très-fort la vanité maternelle, mais fatiguera beaucoup le cerveau encore bien faible de l'enfant; et cette fatigue peut entraîner des conséquences fort graves pour un avenir que vous rêvez délicieux.

Je veux vous citer comme appui de mon dire un fragment tiré de l'ouvrage d'un savant célèbre sur l'*Éducation prématurée.*

« Toujours sublime dans ses opérations, la nature semble s'être assigné à elle-même des lois immuables qu'on ne saurait impunément la forcer à franchir. Toujours sûre d'atteindre le but qu'elle se propose, elle y marche d'autant plus certainement qu'elle s'en rapproche plus lentement. Vouloir l'y précipiter, c'est la retarder, c'est la contrarier dans ses plans et ses moyens d'exécution. Le temps est le premier de ces moyens, il faut lui en laisser la disposition tout entière.

« Transportés tout à coup des régions tempérées de notre belle Touraine dans les régions brûlantes des tropiques, les arbres fruitiers dont la France est si justement fière, peu préparés, malgré la richesse de leur sève, à cette température fécondante, privés du repos ordinaire que la nature leur accorde sur le bord de la Loire, afin de réparer leurs forces épuisées, nos arbres français, dis-je, se livreraient rapidement à une végétation trop subite et trop grande pour qu'elle ne leur devînt pas funeste. De longs jets s'élanceraient tout à coup de leurs troncs ; les bourgeons se tuméfieraient aussitôt ; les feuilles paraîtraient au plus vite et les fruits leur succéderaient bientôt.

« Précocité funeste, et qui devra être suivie de désastres, car, absorbée par cette végétation extraordinaire, la sève s'épuisera dans ses canaux ; les organes destinés à son élaboration n'étant pas préparés, les arbres languiront; leurs feuilles amollies, délicates, se flétriront ; les fleurs se faneront et les fruits à peine formés maigriront et tomberont sur la terre.

« Il faudrait qu'au plus vite un jardinier habile retranchât courageusement toutes ces productions prématurées, car sans cela l'arbre lui-même ne tarderait pas à périr.

« Parents imprudents, qu'un amour trop aveugle égare, puisse cet exemple vous épargner des fautes et des regrets, car, de même, en effet, que la bonté, la beauté, en un mot la perfection des fruits d'un arbre dépend essentiellement de la vigueur du tronc et des rameaux, de même dans l'enfant, le développement des facultés intellectuelles doit être toujours subordonné à l'âge et à la force physique de celui-ci. Sans cela vous pouvez compromettre même sa vie.

« Jardiniers du corps comme de l'âme, gardez-vous donc de trop presser une végétation qui peut être trop ardente, car si vous en obtenez des fruits précoces, ces fruits n'auront aucune saveur et épuiseront peut-être l'arbre qui les aura portés. »

La citation que je viens de vous faire rendra complétement ma pensée, et c'est avec une conviction sincère que je dis aux mères : laissez à chaque âge ses travaux ainsi que ses plaisirs.

Que bébé ne pense encore qu'à sa poupée ou à ses joujoux : plus tard il apprendra à lire et alors il le fera sans fatigue.

Quand il saura lire, ne lui donnez pas de livres au dessus de sa portée, afin de ne pas fatiguer sa petite intelligence pour chercher à comprendre ce qu'il n'est pas nécessaire qu'il sache.

Laissez les enfants le plus longtemps possible, et leurs qualités intellectuelles s'en développeront d'autant mieux.

Quand on commencera à l'instruire, il faudra aussi le faire avec ordre, ne pas lui donner à apprendre trop de choses à la fois, ce qui userait sa mémoire en pure perte.

Jeune fille, ne lui semez pas trop de science dans la tête : cela pousse mal et ne produit pas de bons fruits.

A mon avis, on veut aujourd'hui que les jeunes personnes soient trop savantes, et on se plaint qu'elles soient trop positives, trop peu longtemps naïves, en un mot trop peu *jeunes.*

Mais ce n'est pas la faute, de ces pauvres enfants ! c'est celle des mères qui emploient tellement la journée à leur faire tout étudier, depuis le piano jusqu'à la littérature, qu'elles n'ont pas une seule petite heure pour développer en elles les sentiments du cœur.

Donc c'est à leurs mères qu'il faut s'en prendre si au lieu d'être aimables et bonnes, beaucoup de jeunes filles d'aujourd'hui sont égoïstes et positives.

De même pour les fils, les parents ont souvent le tort de vouloir les trop pousser dans leurs études. J'accorde qu'il faut stimuler bien certainement les paresseux ; mais il faut souvent, au contraire, retenir ceux qui sont naturellement laborieux, car les études se font au moment où le corps et ses facultés se développent : or à ce moment il ne faut d'excès en rien.

Je viens d'avoir sous les yeux un bien triste exemple du malheur que peut entraîner à sa suite un travail trop forcé.

Un jeune homme fort studieux se préparait à passer des examens pour entrer à l'École polytechnique ; il travaillait avec acharnement, et ses parents, chez qui il était resté externe libre, ayant rêvé pour lui le succès d'un des premiers numéros, le poussaient de toutes leurs forces, bien loin de le retenir ; aussi passait-il les jours et les nuits à l'ouvrage. Qu'advint-il ? Ce travail hors nature lui enflamma le sang, peu de jours avant les examens il tomba malade, une fièvre typhoïde se déclara : on eut le bonheur de le sauver ; mais son cerveau trop épuisé ne put être rendu à la vie et il est resté idiot....

Quel affreux exemple et combien il doit donner à réfléchir aux mères imprudentes qui s'efforcent de donner à leurs enfants une instruction ou prématurée ou trop forte !

ÉDUCATION DES GARÇONS.

Je me permettrai peu de donner de conseils sur l'éducation des garçons, car cette éducation regarde avant tout le père qui seul a le droit de les diriger à son gré; mais comme quelques pauvres femmes peuvent se trouver veuves à cette époque si importante pour l'avenir de leurs fils, je vais dire, à leur intention, ce que mon expérience maternelle me dicte.

Il faut qu'avant tout une mère se fasse l'amie de son fils, non en établissant entre elle et lui une familiarité déplacée, mais en lui apprenant de très-bonne heure à avoir en elle une confiance sans borne basée sur ceci : c'est que tout peut se réparer à l'aide d'un guide éclairé et sage, à condition qu'un garçon n'exposera jamais deux choses, ni sa santé, ni son honneur, et qu'on ne peut pas avoir un guide plus dévoué et plus sûr que sa mère.

Ce principe établi, quand l'enfant lui fait ses petites confidences sur quelques sottises, et qui d'abord ne peuvent point être très-graves, il ne faut pas qu'elle s'érige en pédagogue et le gronde au lieu de le reprendre avec adresse. Qu'elle l'écoute d'abord avec patience, tout en le plaignant doucement du faux pas qu'il s'est laissé entraîner à faire, qu'elle lui montre avec inquiétude le danger qui aurait pu en résulter pour lui, puis qu'elle répare le mal si c'est possible; mais sans jamais le lui reprocher plus tard.

Cette indulgence tendre l'attirera sans s'arrêter à la leçon de morale que cela lui aura valu, il ne pensera qu'à la commodité qu'il trouve à rendre sa mère l'éditeur responsable de ses sottises; aussi en arrivera-t-il bientôt à tout lui dire, ce qui donnera à celle-ci une facilité extrême pour le diriger sans qu'il s'en doute en aucune façon, car les conseils affectueusement donnés dans certaines occasions portent toujours leurs fruits peu à peu.

Donnez de bonne heure à votre petit garçon le goût du travail et l'habitude du raisonnement : deux moyens de pallier chez lui la légèreté d'esprit et la paresse qui n'en feraient qu'un très-mauvais élève. C'est pourquoi j'aime beaucoup qu'on donne comme jouets aux petits garçons des établis de menuisier avec les outils *ad hoc* ou d'autres choses du même genre; cette méthode les rend adroits de leurs mains et leur fait prendre l'habitude de s'amuser à des choses qu'ils croient utiles au lieu de les laisser flâner comme on en voit trop souvent faire quand ils sont fatigués de courir ou de sauter.

Un tort, qui, avec juste raison, est souvent reproché aux mères qui sont seules pour élever un fils, est d'en faire ce qu'on appelle vulgairement « *un garçon de cotillon*, » c'est-à-dire un garçon efféminé, éducation nuisant à toutes les qualités viriles qui sont le propre de l'homme. Parce que ces mères ont peur de tout pour leur fils, elles apprennent à celui-ci à tout craindre et l'élèvent comme elles feraient d'une fille, ce qui le rendra ridicule, tout au moins, s'il ne devient fat.

Élevez donc votre fils en franc garçon. Pour cela, croyez-moi, l'éducation publique est la meilleure. Avec des camarades on prend des allures viriles qu'on n'aurait pas en vivant avec sa mère ; puis c'est entre camarades que le caractère se forme, à coups de pied et à coups de poing peut-être, mais sûrement et de façon à apprendre à un garçon le sentiment du juste et de l'injuste, science qui est au moins aussi nécessaire à l'avenir d'un homme que celle du grec et du latin. C'est encore au collége que votre fils apprend à se défendre et à se protéger, ce qui développe le courage et donne l'initiative.

Je sais bien que beaucoup de personnes blâment la vie du collége et parlent avec inquiétude des inconvénients qui s'y rencontrent ; mais où n'y a-t-il pas d'inconvénients ? je vous le demande. La sagesse ne consiste-t-elle pas à savoir choisir où se rencontrent les moindres ?

A mes yeux la vie commune offre bien moins d'inconvénients pour un garçon que la vie de famille, surtout si sa mère est seule pour le diriger, parce que tout ce qu'il voit et tout ce qu'il entend au logis, — et on ne peut lui fermer ni les yeux ni les oreilles, à ses moments de récréation — développent son esprit d'une façon qui ne peut que nuire à ses études et à son caractère : on en fait un jeune homme alors qu'il devrait être encore un enfant, et quand viendra le vrai moment de la jeunesse il n'y aura plus en lui que l'étoffe pour faire un homme blasé : c'est là le grand malheur de la génération masculine actuelle, et l'on doit le reprocher bien moins aux hommes qu'à ceux qui les ont élevés.

Une chose que j'aime encore dans l'éducation du collége c'est que, pour l'écolier, le jour où il va dans sa famille est un vrai jour de fête; par contre, le garçon qui vit toujours avec les siens, devenu jeune homme, se fatiguera bien plus vite de cette vie de famille que celui qui, en ayant été privé, la retrouvera au contraire avec bonheur.

Mais en ceci comme en toutes choses, ces conseils ne peuvent être que généraux : il faut qu'avant de se décider à les suivre, une mère consulte la nature de son fils et agisse avec prudence et sagesse, car ce qui convient à l'un peut être fort contraire à l'autre.

Ne violentez pas non plus, si vous pouvez faire autrement, la vocation que vous verrez se développer chez votre fils; seulement prenez la chose au sérieux et non en obéissant à ce qui ne serait de sa part qu'un caprice, car on effleure alors toutes les carrières, et il en résulte qu'on finit par n'être bon à rien.

Toute carrière est honorable si elle est honorablement suivie. Interrogez donc de bonne heure votre fils sur ses goûts, étudiez ses aptitudes, puis dirigez ses études et ses pensées vers la route qu'il a du penchant à suivre ; de la sorte vous serez assurée de lui avoir préparé un avenir facile et peut-être heureux.

Ne cherchez pas à faire vibrer la corde de l'amour-propre chez votre fils pour le stimuler au travail, car ce défaut est bien assez adhérent à la nature de l'homme pour qu'au contraire vous ayez besoin de l'éteindre en lui. Habituez-le donc de bonne heure à écouter bien plus la voix de la raison que celle de la vanité, et vous vous en trouverez très-bien tous les deux.

ÉDUCATION DES FILLES.

Le cadre de cet ouvrage est beaucoup trop restreint pour que je puisse y traiter cette question importante qui demande un grand développement ; aussi à celles de nos lectrices qui désireraient savoir mes conseils, sur ce point je rappellerai que j'ai publié un volume sous ce titre : — *De l'éducation des femmes* — en ajoutant que j'en publie encore un comme complément du premier — *les causeries de la baronne* où l'on trouvera ce que l'on désire connaître. Cependant je crois pouvoir joindre ici quelques conseils généraux sur ce sujet.

A mon avis, une fille ne doit jamais quitter sa mère et je préfère pour elle l'éducation modeste de la maison paternelle à l'éducation brillante qui pourrait lui être donnée dehors.

De même je crois qu'une instruction profonde est plus nuisible qu'utile au bonheur des femmes ; car ce que leur demande la vie ce ne sont point les brillants succès publics mais les humbles vertus du foyer, et les uns et les autres se marient difficilement entr'eux.

Je sais bien que les conseils que je donne ici sont contraires, au mouvement de l'époque, mais je les crois alliés au bonheur auquel les femmes peuvent prétendre, bonheur qu'elles ne trouveront que chez elles en faisant celui de leur famille.

On peut réformer les lois de la société, mais on ne réforme jamais les lois de la nature, et comme Dieu a surtout créé la femme pour être mère, c'est donc à rendre sa fille bonne mère un jour que doivent tendre toutes les éducations sages : or, pourrait-elle être bonne mère celle qui ne serait point d'abord bonne fille et ensuite bonne épouse ?

Cherchez donc bien plus à développer les qualités du cœur de votre fille que celle de son esprit ; efforcez-vous à la rendre aimable, charitable, pieuse, modeste, dévouée et bonne puis faites-lui orner l'esprit par une instruction variée sans pédantisme, joignez-y quelque talent d'agrément si son temps le permet et vous assurerez ainsi non-seulement son bonheur dans l'avenir, mais encore celui de ceux qui seront destinés à vivre avec elle.

TABLE DES MATIÈRES

PREMIÈRE PARTIE

Éducation physique

DEUXIÈME PARTIE

Éducation morale

FIN.

17. — Abbeville. — Imp. P. Briez.

TROISIÈME SÉRIE

3e édition

Casimir Delavigne. — La marquise d'Osmond. — Kalkbrenner. — Un volume.

QUATRIÈME SÉRIE

La duchesse de Laviano. — Madame Boscari de Villeplaine.— Madame Orfila: — Pradier. — Un vol.

(*Chaque série se vend séparément*). — 2 fr. 50 le vol.

LE RÉFRACTAIRE

Par Élie Berthet. — 1 vol., 2 fr. 50

JÉROME LE TROMPETTE

Épisode de la guerre de Catalogne (1810).

— Deuxième édition —

Par L. de Beaurepaire. — 1 vol., 2 fr. 50

MAÑJO LE GUERILLERO

Suite de Jérôme le Trompette.

Par le même. — 1 volume, 2e édition, 2 fr. 50

LA CHASSE A L'ESCLAVE

Par Xavier Eyma.— 1 volume, 2 fr. 50

LES MÉMOIRES DE MON ONCLE

Par Ch. d'Héricault. — 1 volume 2 fr. 50

LES LAVANDIÈRES

Légende bretonne

Par G. d'Éthampes. — 1 vol., 2 fr. 50

RÉCITS DEVANT L'ATRE

Par Émile Richebourg. — 1 volume, 2 fr. 50

LISA

Par Marin de Livonnière — 1 volume 2 fr. 50

UNE CHAINE INVISIBLE

Par Zénaïde Fleuriot. — 1 vol., 2 fr. 50

UNE ANNÉE DE LA VIE D'UNE FEMME

Par la même. — 1 vol., 2 fr. 50

HISTOIRE INTIME

Par la même. — 1 volume, 2 fr. 50

JEAN L'ÉGORGEUR

Par Amédée Aufauvre. — 1 volume, 2 fr. 50

UN VOYAGE A NAPLES

Scènes de la vie napolitaine.

Par Madame la Comtesse de Bassanville.— 1 volume, 2 fr 50

QUAND LES POMMIERS SONT EN FLEUR

Nouvelles et Fantaisies.

Par Bathild Bouniol. — 1 volume, 2 fr. 50

LA PUPILLE DU DOCTEUR

— Deuxième édition —

Par G. d'Éthampes. — 1 vol., 2 fr. 50

CE QU'IL EN COUTE POUR VIVRE

Roman de mœurs contemporaines.

Par Berlioz d'Auriac. — 1 volume, 2 fr 50

UN VOYAGE A PÉKIN

Souvenirs de l'expédition de Chine.

Par G. de Kéroullée, attaché à l'ambassade extraordinaire de France en Chine (1860-61). — Un volume, 2 fr. 50

OR ET MISÈRE

Par Moléri. — 1 volume, 2 fr. 50

MAISON A LOUER

Par Charles Dickens

CONTES ÉNIGMATIQUES, PAR HAWTHORNE,

traduits par Bénédict-Henry Révoil — 1 volume, 2 fr. 50

L'HOMME D'ARGENT

Par Amédée Goüet. — 1 volume, 2 fr. 50

UN CURÉ

Par Hippolyte Langlois. — 1 volume, 2 fr. 50

LA NOBLESSE DE NOS JOURS

Par Amédée Goüet. — 1 volume, 2 fr. 50

RÉCITS DES LANDES ET DES GRÈVES

Par Théodore Pavie. — 1 vol., 2 fr. 50

LA BRETAGNE

Paysages et Récits

Par Eugène Loudun. — Un volume, 2 fr. 50

LA BELLE DRAPIÈRE

Par Élie Berthet. — 1 vol., 2 fr. 50

LES TROIS FIANCÉES

Par Emmanuel Gonzalès. — 1 volume, 2 fr. 50

LES BOHÈMES DU DRAPEAU

Types de l'Armée d'Afrique.

Par Antoine Camus

ZÉPHIRS, TURCOS, SPAHIS, TRINGLOS

Vignettes par J. Devaux. — 3e édition, 1 volume, 2 fr. 50

LA LÉGION ÉTRANGÈRE

DEUXIÈME SÉRIE

DES BOHÊMES DU DRAPEAU

Par Antoine Camus. — 1 volume, 2 fr. 50

LA CHAMBRE ROUGE

Par Madame la Comtesse de Bassanville.— 1 volume, 2 fr 50

LE DOUANIER DE MER

Par Élie Berthet. — 1 vol., 2 fr. 50

LE BIVOUAC DES TRAPPEURS

Par Bénédict-Henry Révoil. — 1 vol. 2 fr. 50

LES DRAMES DU NOUVEAU-MONDE

Par B.-H. Révoil et Jules B. d'Auriac

18 JOLIS VOLUMES AVEC COUVERTURE ILLUSTRÉE

Chaque volume, 2 francs

PREMIÈRE SÉRIE

La sirène de l'enfer. 1 vol. — **L'ange des prairies.** 1 vol. — **Les parias du Mexique.** 1 vol. — **Les écumeurs de mer.** 1 vol. — **La tribu du Faucon-Noir.** 1 vol. — **La fille des Comanches.** 1 v.

DEUXIÈME SÉRIE

L'esprit blanc. 1 vol. — **Les pieds fourchus.** 1 vol. — **L'aigle noir des Dacotahs.** 1 vol. — **Le mangeur de poudre.** 1 vol. — **Rayon-de-Soleil** 1 vol. — **Le scalpeur des Ottawas.** 1 vol.

TROISIÈME SÉRIE

Œil-de-Feu. 1 vol. — **Les forestiers du Michigan.** 1 vol — **Cœur de Panthère.** 1 vol. — **Les terres d'or.** 1 vol. — **Jim l'indien.** 1 vol. — **La caravane des Sombreros.** 1 vol.

La collection prise en une seule fois 30 fr. au lieu de 36 fr.

OTTO GARTNER

— Deuxième édition —

Roman intime, par Marin de Livonnière. — 1 volume, 2 fr.

LES QUARTS DE NUIT

Contes et Récits d'un vieux navigateur

— Cinquième édition —

Par G. de la Landelle. — 1 volume, 2 fr.

LES NOUVEAUX QUARTS DE NUIT

récits maritimes

— Troisième édition —

Par le même. — 1 volume, 2 fr.

LES TROISIÈMES QUARTS DE NUIT

Par le même. — 1 vol., 2 fr.

HISTOIRES AMÉRICAINES

Par Édouard Auger. — 1 volume, 2 fr.

AVOCATS ET PAYSANS

— Troisième édition —

Par Raoul de Navery. — 1 vol., 2 fr. 50

LE MOUTON ENRAGÉ

— Deuxième édition —

Par G. de la Landelle. — 1 volume, 2 fr.

UNE PARENTÉ FATALE

— Les millions du cousin Gaspard —

Par Alfred de Bréhat. — 1 vol., 2 fr.

L'HÉRITAGE DE L'INDOUE

— Les millions du cousin Gaspard —

Par le même. — 1 vol., 2 fr.

LA FILLE AU COUPEUR DE PAILLE

Par Raoul de Navery — 1 vol., 2 fr.

LA GUERRE D'AMÉRIQUE

Récit d'un soldat du Sud.

Par Marius Fontane. — 2 volumes avec carte, 4 fr.

LE TRÉSOR DE LA MAISON

Par Madame la Comtesse de Bassanville

Première partie :

Guide des femmes économes

Un volume, 2 fr.

Seconde partie :

Guide des mères de famille

Un volume, 2 fr.

LA ROUTE DE L'EXIL

— Aventures d'un Gentilhomme —

Par G. de la Landelle. — 1 vol., 2 fr.

LE MANOIR DE ROSVEN

— Aventures d'un Gentilhomme —

Par le même. — 1 vol., 2 fr.

UN MÉDECIN SOUS LA TERREUR

Par Edmond Lafond. — 1 vol. 2 fr.

L'HOMME DE FEU

Par G. de la Landelle. — Un volume, 2 fr.

L'ODYSSÉE D'ANTOINE

Par Raoul de Navery. — 1 volume, 2 fr.

HÉLÈNE

Par Hervé du Pontrais. — 1 vol., 2 fr.

LA CENDRILLON DE VILLAGE

Par Raoul de Navery. — 1 vol., 2 fr.

NOUVELLES ET VOYAGES

Par Antonin Rondelet. — 1 vol., 2 fr.

LES DEUX SOEURS DE CHARITÉ

Par Hervé du Pontrais. — 1 vol., 2 fr.

SCÈNES DE LA VIE INTIME

Par Madame Dorothée de Boden. — 1 vol., 2 fr.

LES ENFANTS DE LA NEIGE

Par Amédée Aufauvre. — 1 vol., 2 fr.

HISTOIRE NATURELLE DE LA FRANCE

Par A. Ysabeau.— 1 vol., 2 fr.

LES MASQUES NOIRS

Drames et nouvelles.

Par Amédée Aufauvre.— 1 vol., 2 fr.

LES CONTREBANDIERS DE SANTA-CRUZ

Par Alfred de Bréhat. — 1 volume, 2 fr.

LE FIL DE LA VIERGE

Par Amédée Aufauvre.— 1 vol., 2 fr.

HYGIÈNE ET ÉCONOMIE DOMESTIQUE

Par A. Ysabeau. — 1 vol. 2 fr.

LES AMOURS A COUPS D'ÉPÉE

Par Gourdon de Genouillac. — 1 vol., 2 fr.

LA DYNASTIE DES FOUCHARD

Par Marin de Livonnière, — 1 vol., 2 fr.

NOUVEAU MANUEL D'AGRICULTURE

Par une Société d'Agronomes. — 1 vol., 2 fr.

UN GENTILHOMME CATHOLIQUE

Par Ch. D'Héricault. — 1 vol 2 fr.

LA FRÉGATE L'INTROUVABLE

— 101me maritime —

— Troisième édition —

Par G. de la Landelle. — 1 volume, 1 fr.

LES COUSINES DE L'INTROUVABLE

Par le même. — 1 volume, 1 fr.

PARIS POUR LES MARINS

avec une lettre d'Alexandre Dumas

Par le même. — 1 vol., 1 fr.

HISTOIRE DU PÈRE RAMASSIS-RAMASSAT

ET DU MOUSSE FLAGEOLET

Par le même. — 1 vol., 1 fr.

UNE CHIENNE D'HABITUDE

Histoire d'un grognard d'eau salée

Par le même. — 1 vol., 1 fr.

SOUVENIRS
D'UNE VIEILLE CULOTTE DE PEAU

Les Étapes du Père La Ramée (*Deuxième édition*). — 1 vol., 1 fr.

Les Femmes du Régiment. — 1 volume, 1 fr.

---

17. — Abbeville. — Imp. P. Briez

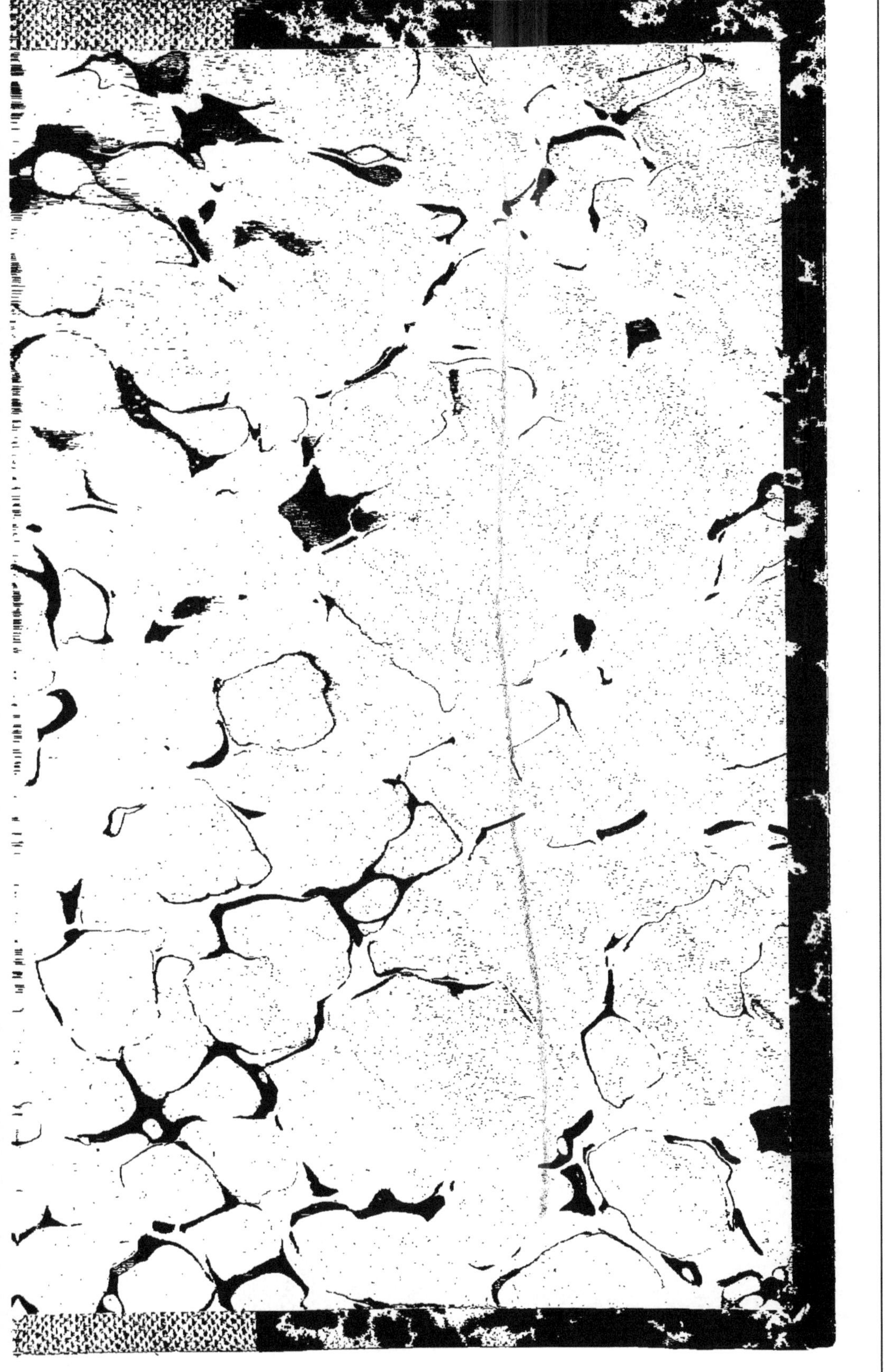

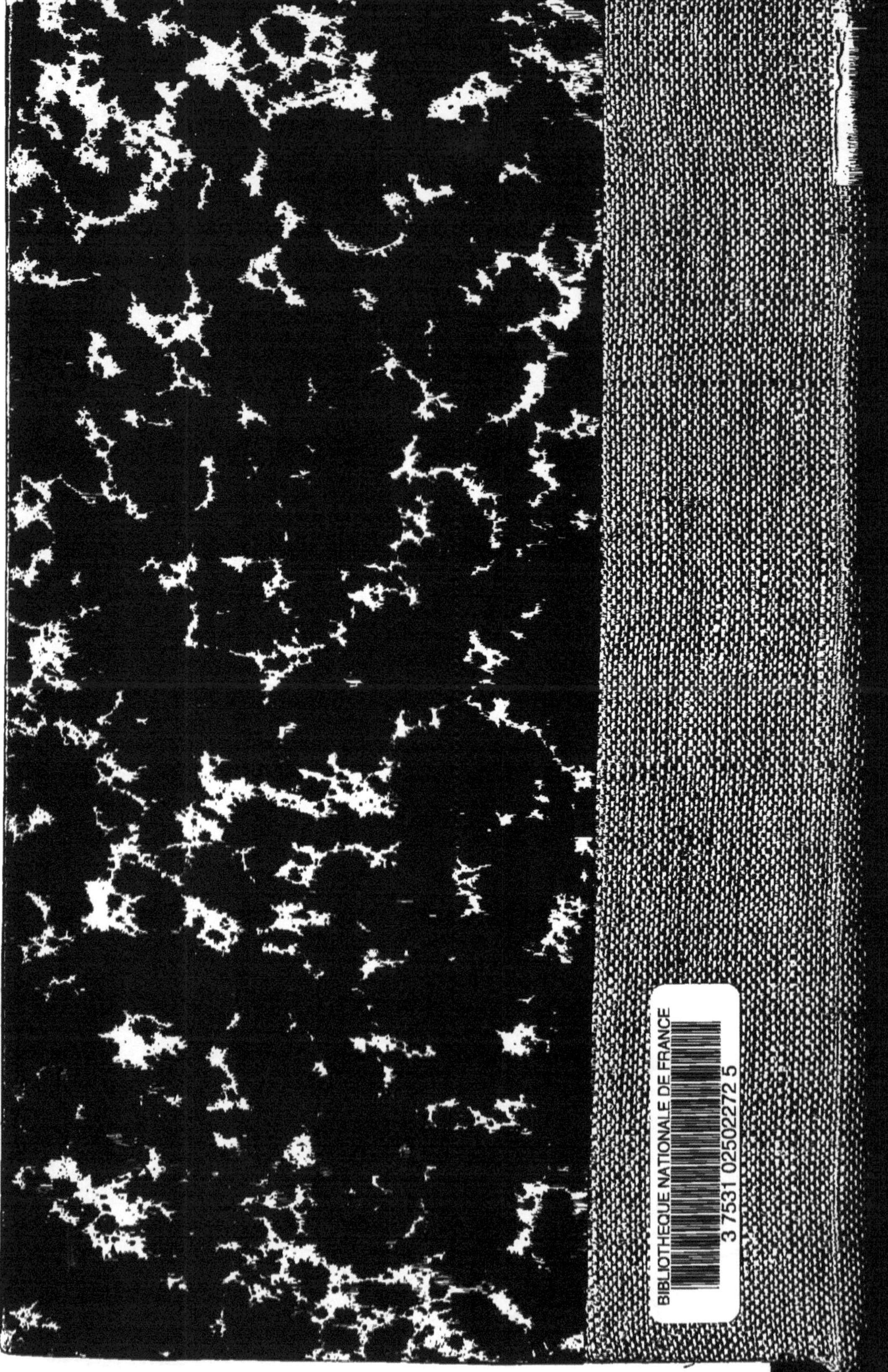